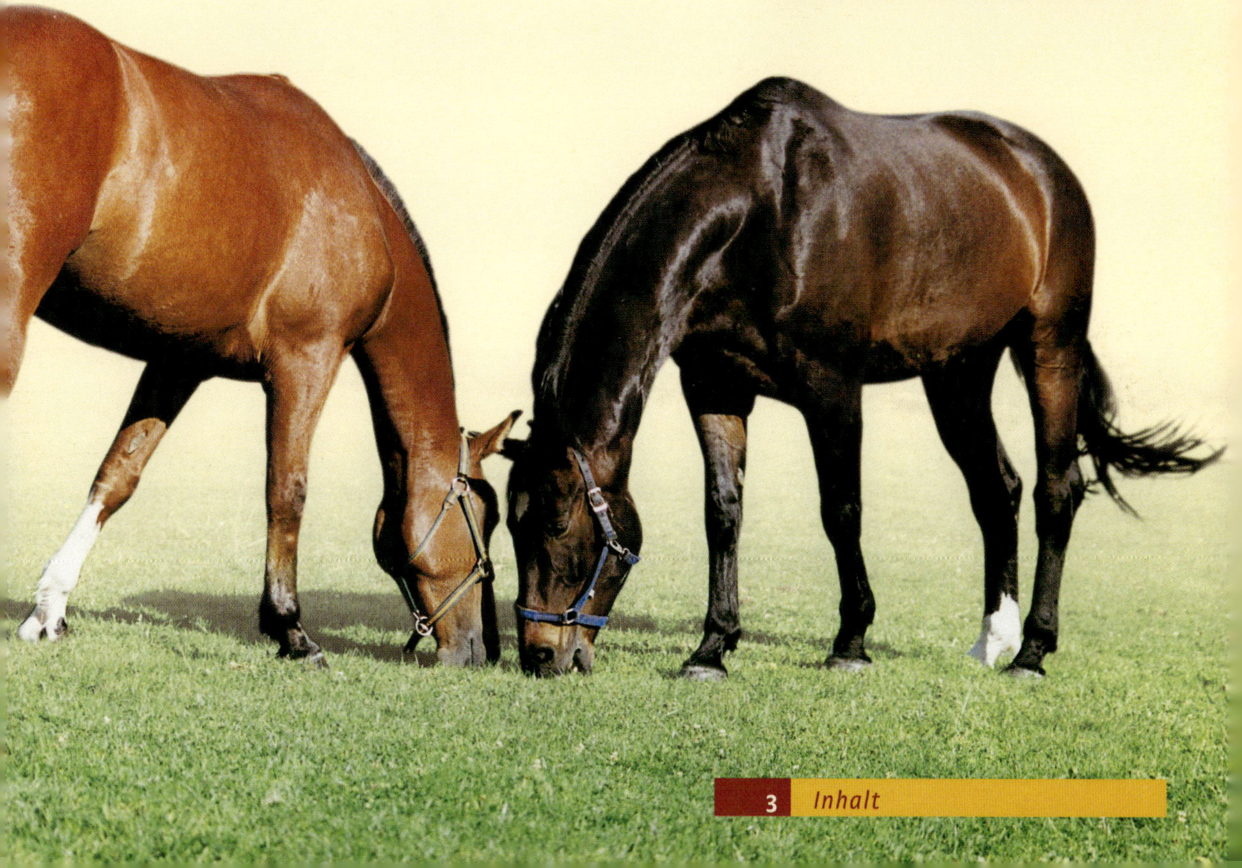

Das natürlichste Futter –

Weidegras

Weide wirkt auf lustlose Stallpferde wie ein Jung-brunnen. Es ist nicht nur der Spaß am Gras fressen – vieles andere kommt dazu: Der tierische Drang, das eigene Futter selbst zu suchen, toben zu dürfen, der Kontakt zu Artgenossen, dazu der natürliche Reiz von Sonne, Wind und Regen.

Gute Weide: wie sollte sie aussehen?

Mit der Nase am Boden nach leckeren Halmen zu suchen, das steckt in jedem Pferd drin. Das teuerste Futter im Trog einer Luxusbox kann das Ur-Bedürfnis „grasen" niemals ersetzen.

Prädikat wertvoll Ideal sind sonnige Weiden mit trockenem, durch-lässigem Boden. Auf feuchten Wiesen, von hohen Bäumen stark beschattet, wachsen längst nicht so viele gute Gräser.

Die Frage aller Fragen Gleichgültig, ob Sie eine gute oder schlechte Weide haben, diese Frage aller Fragen be-schäftigt wohl jeden Besitzer: „Wird mein Pferd draußen satt – oder leidet es etwa Hunger?"

Kalorienberechnung mit Gras ist eine Rechnung mit vielen Unbekannten. Zu unterschiedlich sind die Voraussetzungen.

Power-Weiden
Da gibt es einmal die bewirt-schafteten Weiden, auf denen Hochleistungsgräser wachsen. Klingt gut, ist es aber selten. Welches Freizeitpferd ist schon ein Hochleis-tungstier? Für ein normales Reitpferd haben diese Weiden viel zu viel Power. Die Pferde werden mit dem Gras regel-recht gemästet. Etliche Vierbeiner machen sich nicht mal die Mühe, ihre Beine zu bewegen. Eine Ewigkeit verharren sie auf demselben Fleck und fressen rund um sich zu. Tiere „den-ken" praktisch – sie bedienen sich dort, wo es am einfachsten ist.

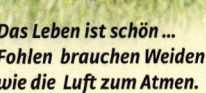

Das Leben ist schön ... Fohlen brauchen Weiden wie die Luft zum Atmen.

Für frisches Frühlingslaub gehen Pferde meilenweit – die zarten Blätter von Birke oder Haselnuss sind für sie ein Leckerbissen.

C Check

Unerwünschte Weidepflanzen

○ **Brennnesseln**
Nesseln rauben gute Weidefläche. Häufig mähen.

○ **Löwenzahn**
Das Wildkraut wird von Pferden gern gezupft, darf aber nicht überhand nehmen.

○ **Sauerampfer**
Die hartnäckige Pflanze liebt feuchten Boden. Nur der Spaten ist ihr Feind – tiefes Ausgraben der langen Wurzeln hilft gegen die Verbreitung.

○ **Hahnenfuß**
Giftig! Mit Engelsgeduld ausreißen.

○ **Gänseblümchen**
Von Pferden werden sie geschätzt, allerdings können ihre Lippen sie kaum fassen. Darum: runter von der Weide, sie wuchern und verdrängen alles.

○ **Weißklee**
Lecker für Pferde, aber Eiweißbomben. Viel Klee verursacht Koliken. Mehr als 10 % Klee sollten die Weidefläche nicht bedecken.

Hufen sein. Träges Herumstehen konnte sich kein Vierbeiner leisten. Jedes einzelne Herdenmitglied war ständig in Bewegung, durchkämmte das Gelände unermüdlich auf der Suche nach Futter.
Der Urtrieb – fressen, fressen, fressen – lässt sich nicht wegzüchten. Entdecken Pferde Gras, putzen sie es weg. Man muss damit rechnen, dass die modernen Kraftgräser unsere Pferde zu faulen Moppeln machen. Das gilt zumindest, wenn sie Tag und Nacht auf reichhaltiger Weide stehen. Dann können Sie zusehen, wie Ihr Liebling zunimmt. Das ist ungesund – klar.

▸ **Total überernährt** Für Pferde, die nur leicht bewegt werden, sind satte Dauerweiden zu reich. Ein Großpferd (500 kg) verdrückt in 24 Stunden etwa 40 Kilo Gras. Das sind rund 84 Megajoule (MJ)! Ohne Arbeit darf es aber nur 64 MJ haben, bei einer Stunde Reiten bis zu 80 MJ. Da hilft nur eins: Grünland rationieren.

Der Fresszwang

In den Pferde-Genen steckt der Befehl aus der Urzeit: „15 – 17 Stunden am Tag fressen!"
Doch die Voraussetzungen waren früher anders. Auf den weiten Steppen wuchsen nur wenige Gräser, und die standen weit auseinander. Um genug davon zwischen die Zähne zu bekommen, mussten die Urpferde fix auf den

Mickrige Weiden

Die andere Möglichkeit der Fehl-Ernährung: Auf mickrigen Weiden stehen zu viele Pferde. Auch das kommt oft vor. Oder: Die Weide ist gar keine, sondern im Grunde nur eine umzäunte Grundstücksecke oder eine vergammelte Ackerfläche. Dort wächst mal mehr mal weniger Gras unbekannter Herkunft. Oft wuchert vor allem Sauerampfer, der sich rasch die Scholle untertan macht. Spätestens ab Mitte des Sommers ist der Grasvorrat verputzt. Danach wird kein Pferd mehr satt und man muss sein Tier dringend zufüttern (Seite 9).

Sie merken – Weidegang allein reicht nicht. Man sollte sein Tier ständig kritisch beobachten. Beherzigen Sie den weisen Spruch alter Futtermeister: „Das Auge des Besitzers füttert das Pferd."

Spaß in der Clique

Besorgen Sie Ihrem Pferd eine Koppel, auch wenn es nur stundenweise ist. Aus Pferdesicht ist selbst eine schlechte Weide – verglichen mit dem Stall – das Paradies. Eine Möglichkeit, soziales Verhalten zu üben, sich in eine Gemeinschaft einzufügen. Freunde zu finden. Mit weniger geliebten Artgenossen zu streiten – kurz, ein pferdewürdiges Leben zu führen.

Nährwert

Die Gras-Inhaltswerte schwanken je nach Wetter, Jahreszeit, Sorte, Boden. 1 kg Gras enthält zu Beginn der Blüte 2,1 Megajoule (MJ) und 20 – 30 g Eiweiß.

Ein Löwenzahn-Blütenmeer ist ein Zeichen für Überweidung: Zu viele Pferde stehen auf einer zu kleinen Weide.

Wahre Tierfreunde nehmen klaglos den Umstand auf sich, ihre Pferde auf Weiden zu führen, die etwas abseits vom Stall liegen.

Graswert *richtig* schätzen

Damit das Lieblingsfutter anständig wachsen kann, geht man das ganze Jahr umsichtig mit der Weide um. Der Besitzer kümmert sich um grundlegende Dinge wie Abschleppen und Düngen, aber jeder Pferdehalter kann ebenfalls viel für gutes Gras tun.

Frühjahr März/April ist die richtige Zeit zum Ausgraben von Sauerampfer-

Ⓦ **Wichtig**

Wieviel Gras frisst ein Pferd?
Großpferde stopfen 30 – 50 kg Gras in sich hinein, wenn sie im Sommer Tag und Nacht auf der Weide stehen. Verbringen sie die Nächte im Stall, fressen sie bei 8 bis 10-stündigem Weidegang etwa 15 – 20 Kilo Gras. Das gilt für gutes Wetter und Regentage ohne Wind. Bei Nässe , kaltem Wind oder großer Hitze verharren die Tiere ohne zu fressen stundenlang im Unterstand.

Wurzeln. Weidezeit erst einläuten, wenn das neue Gras 15 – 20 cm hoch steht. Dann ist die Weide robust genug für Pferdehufe. Kurzes Angrasen ohne Toben ist auch vorher erlaubt. Leicht vorzustellen, dass die zarten Wurzeln leiden, wenn 500-kg-Kolosse im Galopp darüber stürmen (Angrasen S. 10).

Sommer Die wichtigste Sommerbeschäftigung: Pferdeäpfel sammeln. Sonst verbreiten sich Würmer und es entstehen kahle Stellen, auf denen nichts mehr wächst. Brennnesseln und Disteln regelmäßig abmähen.

Herbst Ab Oktober ist allmählich Schluss mit der Weidesaison. Checken Sie die Weide. Manchmal fault Gras (sieht braun-schwarz aus). Das dürfen Pferde nicht fressen. Der weiche Boden ist jetzt hoch empfindlich: Unter den Hufen verwandelt er sich rasch in eine Matschwüste. Das ist schlecht, weil misshandelte Weiden im nächsten Frühjahr wenig hergeben.

Winter Bei fest gefrorenem Boden mit dickem Schnee können Sie Ihrem Pferd einen Ausflug auf die Weide gönnen, ohne dass sie stark leidet. Ein wenig angefrorenes Gras dürfen auch Stallpferde fressen, die nicht an Winterweiden gewöhnt sind. Aber wirklich nur wenig, sonst gibts Durchfall. Erhält Ihr Pferd vorher Heu, richtet ein kurzer Ausflug im Darm keinen Schaden an.

Vorbildlich: Zum Zufüttern wurde das Pferd von der Weide geholt. Der Eimer hängt sicher in einem abnehmbaren Ring am Pfosten.

Zusatzfutter draußen

Weidegras allein reicht fast nie, um ein Pferd ausgewogen zu ernähren. Mineralfutter und Salz müssen Sie regelmäßig zugeben.

Lecksteine wohin? Salzlecksteine hängt man regensicher an den Weide-Unterstand. Leckschüsseln mit Mineralmasse stellt man dem Pferd täglich zum Vernaschen hin. Sie können auch Mineral-Briketts aus der Hand füttern.

Raufutter vor dem Grasen Damit der Darm für die Verdauung des frischen Grases bereits gut in Betrieb ist, füttert man morgens vor dem Weideaustrieb Heu. Die Ballaststoffe stoppen auch die Fressgier.

Kraftfutter (auch Saftfutter) – nach dem Reiten füttern. Wer statt Getreide oder Pellets eiweißarmes Zusatzfutter sucht, ist mit Möhren oder gequollenen Rübenschnitzeln gut bedient.

Wann ist Zufüttern nötig?

○ **Brauchen Pferde Heu extra?**
Meistens. Im Frühjahr immer, weil nur wenig Gras erlaubt ist; Ballaststoffe fehlen. Kommt die Herde nachts in den Stall, ist ebenfalls Raufutter nötig; als Ergänzung. Auch bei schlechter Weide.

○ **Gras ersetzt wieviel Heu?**
15 kg Gras ersetzt 2,5 kg Heu.

○ **Ist auch Kraftfutter nötig?**
Nur bei echtem Training. Sonst reichen Gras, Heu, Stroh und Mineralien für einen Kurzausritt.

○ **Ernährt Gras unsere Pferde vollwertig?**
Nein. Unsere Halme sind einseitig. Es fehlen häufig Salz (Natrium und Chlorid), Calcium und Magnesium. Auf feuchten Wiesen und Sandböden auch Selen, Kupfer, Zink. Mineralmangel schwächt Pferde – Milben siedeln sich an.

○ **Was hilft gegen Mineralmangel?**
Salzlecksteine und Mineralfutter.

Futterneid auf der Weide ist supergefährlich – Tritte und Bisse unter Pferden sind oft die Folge.
Wenn nicht alle Weidegenossen bedacht werden dürfen, wird das Extrafutter darum klammheimlich gegeben. Am sinnvollsten ist es, sein Pferd von der Weide zu holen und vor dem Zaun zu füttern. Unauffällig geht das, wenn man gerade vom Ausritt zurückkehrt.

Zufrieden grummelnd zupft das Fjordpferd im April die ersten grüne Halme ab. Allein das Zusehen macht auch den Menschen Freude.

Zu Beginn der Weidezeit heißt es: Vernunft einschalten. Die erste Weide bringt die Pferde-Verdauung total durcheinander. Junge Gräser stecken voller Stärke, Zucker und Eiweiß. Andererseits fehlen noch Ballaststoffe.

Der Darm rebelliert Nach dem winterlichen Trockenfutter – Stroh, Heu, Kraftfutter – rebelliert der Pferdedarm bei einer Ladung Frischkost. Mit Glück kommt das Pferd mit Durchfall davon. Viele Tiere wirft das Powergras richtig um. Kolik und Hufrehe gehören zu den gefürchteten Frühjahrs-Krankheiten. Robuste Ponys sind besonders empfindlich gegen die Umstellung von Heu auf Gras.

Angrasen: *bitte keinen fliegenden* Wechsel!

Der Wunschtraum aller Pferde: Nach dem langen Winter im Stall endlich wieder die Zähne in saftiges Gras schlagen! Der Albtraum aller Pferde: Nach einer Viertelstunde im Gras-Paradies zerren die Besitzer sie zurück in den Stall. Das zerreißt Vierbeinern und Zweibeinern gleichermaßen das Herz. Aber es hilft nichts – fliegender Wechsel von Heu zu Gras ist streng verboten.

Die richtige Gewöhnung

In der ersten Woche auf Sparflamme grasen. Morgens und abends sind je 15 – 20 Minuten erlaubt, in der zweiten Woche je 30 Minuten. In der dritten Woche Fresszeit täglich steigern.

April bis Anfang Juni In diesen Monaten gehören Pferde nicht Tag und Nacht auf reiche Weiden. Erst danach werden Gräser weniger problematisch.

Vorher Heu Bringen Sie Ihr Pferd erst nach einer Heumahlzeit hinaus. Dann ist der Heißhunger weg.

Trense statt Halfter Übermütige Pferde führt man zuerst mit Trense auf die Weide. Oft ist der Bewegungsdrang so groß, dass ein Pferd ausgelassen springt – am Strick kaum zu bändigen.

W *Wichtig*

Gemähtes Gras sofort verfüttern
Weil Pferde langes Gras links liegen lassen, sollten Weiden gemäht werden, wenn sie höher als 30 cm stehen. Gemähtes Gras muss sofort nach dem Schneiden verfüttert werden. Auf keinen Fall darf es angehäufelt oder gar gelagert werden. Dabei erhitzt das Gras sich und wird für Pferdemägen brandgefährlich. Streng verboten ist kurzes Rasenmähergras, weil Pferde es ohne Kauen schlucken – der Verdauungstrakt verstopft, schwere Koliken folgen!

Die Fressmeile wurde soeben erweitert. Sofort sammelt sich die Herde am frischen Grassaum. Der neue Shetty (vorn) wurde zuerst verjagt, durfte aber später doch mitfressen.

Vielfraße austricksen

Ponys werden draußen leicht zu dick. Norweger, Isländer, Shetties fressen eiliger als Großpferde. Während die Voll- und Warmblüter erstmal eine Runde toben, Neues erkunden, mit den Weidekollegen schmusen oder streiten, fackeln die dickfelligen Ponys nicht lange: Sie senken den Kopf und fressen. Das liegt an ihrer Herkunft, selbst wenn die Ponys bei uns geboren sind. Die kargen Heimatweiden der Nordpferde geben kaum etwas her, darum rät der Instinkt den Robustrassen: Haut rein, wenn ihr etwas Fressbares seht.

Hilfe gegen zu viel Gras

▶ **Sense** Vor dem Weidegang muss die Sense ran. Gras abmähen. Notfalls hält man die meuternde Vierbeiner-Bande mit Stroh oder altem Heu bei Laune.

▶ **Kinderportion** Mit einem Elektrozaun wird die Weide abgeteilt und die Fressmeile täglich ein Stück erweitert. Stabile Zäune rund um die Weide verhindern, dass gelangweilte Pferde auf Nachbarweiden ausbrechen.

▶ **Du darfst** Suchen Sie nach einer Magerweide für Ihr Pony, auf der es den ganzen Tag stehen darf.

Tipp

Sand-Spion
Spionieren Sie Ihrem Pferd nach. Zupft es wirklich nur Halme? Oder reißt es Grasbüschel mit Wurzeln und Erde aus und frisst die sandige Mischung? Im Frühjahr passiert das aus Gier, im Herbst bei leer gefressenen Koppeln. Solche Sandpferde müssen von der Koppel aufs Paddock gestellt werden, sonst riskiert man eine Sandkolik. Dabei gerät Erde in den Darm, sammelt sich an einer Stelle – eine Darmdrehung droht. Lebensgefahr!

*Saubere Lösung: Das Futter liegt vor dem
Gitter, so dass kein Pferdehuf es zertrampelt.*

Sinnvoll *servieren*

Der Vorrat an Heu und Stroh muss von
jedem Pferd ungehindert zu erreichen
sein. Auch vom niedrigsten in der Rangordnung. Der muss schließlich genau
wie die anderen sein wichtiges Raufutter zwischen die Zähne bekommen.

Lange Reihe
Sind nur wenige Pferde auf der Weide,
die sich kennen und verstehen, spart
man sich aufwändige Vorrichtungen. Es
genügt, das Heu in einer langen Reihe
locker auszulegen. Heuhaufen sind weniger günstig. Erfahrungsgemäß zerren
Pferde sie mit den Hufen auseinander,
teures Heu wird zertreten.

Traktorreifen
Mehrere große Traktorreifen auf Weide
oder Paddock bringen. Sie sind schwer
und lassen sich von rempelnden Pferden kaum wegstoßen. In die Mitte der
Reifen schichtet man das Heu für jedes
Pferd lose auf.

Fressgitter
Die Gitter, durch die jedes einzelne
Pferd seinen Kopf steckt, müssen stabil
im Boden verankert sein, denn sie sollten Stöße von einigen Tonnen Muskel-
masse aushalten. Die hölzernen Fressgitter verhindern, dass gutes Heu ver-
schwendet wird und dass es Futterneid
gibt.

Mobile Maurerkübel
Praktisch ist eine Sammlung von großen schwarzen Mörtelkübeln. Sie sind
einerseits so massiv, dass sie auch bei
Windstößen gut stehen, andererseits
aber nicht unnötig schwer.
Selbst mit Heu gefüllt lassen die Botti-
che sich gut an verschiedene Stellen
tragen.

Fress-Stände

Diese aufwändige Einrichtung lohnt sich, wenn Pferde auf der Weide oder in großen Ausläufen häufig draußen gefüttert werden. Zwischen jedem einzelnen Stand stehen hohe Sichtschutzwände. Die Pferde werden zum Füttern in den schmalen Anbinde-Gängen angebunden, damit auch die Schwachen unbedroht fressen können. Jeder Stand sollte etwa 80 cm breit sein. Für Großpferde rechnet man eine Länge von 3,50 m, bei Ponys 3 m.

Futterraufen

Von allen Seiten können Raufen angesteuert werden. Meistens teilen Rohre – gebogen oder gerade – die einzelnen Futterplätze ab. Gängige Raufen haben Plätze für sechs bis 12 Pferde. Die Tiere stehen in Abständen voneinander, so dass auch ängstliche Greenhorns sich ans Futter trauen. Angeboten werden Modelle für jedes Ballenformat. Raufen, die auf Füßen stehen, brauchen Sockel zum Befestigen.

Überlegen Sie vor dem Kauf einer Raufe, wie das Heu auf die Weide kommen soll. Per Muskelkraft lassen sich schwere Ballen nicht bewegen. Zum Transport braucht man einen Traktor.

Offene Raufen Die Serviervorrichtungen ohne Dach kann man nur in speziellen Fällen einsetzen: Wenn sie unter Vorbauten oder Dächern stehen, wenn nur wenig Heu gebraucht wird und wenn jeden Tag jemand nach den Raufen sieht. Futterreste müssen unbedingt entfernt werden. Sonst macht sich bei Nässe ganz schnell Schimmel breit, zumindest im alten Bodensatz. Das ist das Letzte, was man haben möchte.

Raufen mit Dach Der Überstand schützt das Futter vor Regen – und die Pferde auch. Weit überstehende Dächer werden von den Pferden im Sommer als willkommene Schattenspender geschätzt.

Gefährliche Abfallkörbe Nicht selten sieht man geräumige Abfallkörbe aus Metallgeflecht als Heuspender. Gefährlich! Ein kräftiger Huftritt – und das Pferdebein steckt zwischen scharfkantigen Metallteilen fest. Die Folgen kann man sich ausmalen.

Raufen sollen abgeschrägt sein. Dann können Pferde bei längerer Fressdauer mit einem Ausfallschritt besser herantreten.

Mit Rau- und Kraftfutter

gesund ernähren

Überreichliches Futter ist zweifellos gut gemeint, wirkt sich aber schlecht aus. Dicke Reittiere latschen lustlos durch die Halle, trotten träge durchs Gelände. Anfällig für Krankheiten sind sie auch. Gründe genug, sein Pferd durch gesunde Kost schlank und fit zu halten.

Leistung der Pferde richtig einschätzen

Um mit Verstand zu füttern, muss man die Arbeit seines Pferdes einschätzen können. Das Tagespensum – leicht oder schwer – bestimmt, wie viel Kilo Heu und Kraftfutter auf dem Speiseplan stehen.

Da beginnt das Grübeln: Bedeutet eine Stunde Reiten für das Pferd leichte, mittlere oder schwere Arbeit? Fragt man Tierärzte, lautet die einhellige Antwort: Freizeitreiter überschätzen die Leistung ihres Pferdes! Was sie für mittlere Anstrengung halten, ist oft weniger als leichte Arbeit.

Pferdearbeit
Überlegen Sie genau: Welche der folgenden Leistungen erbringt Ihr Pferd täglich?

Keine Arbeit/Erhaltungsbedarf
Mindestbedarf zur bloßen Aufrechterhaltung des Pferdegewichts, der Körpertemperatur, des Kreislaufs, der Arbeit aller Organe. Eingeschlossen ist Austoben auf dem Paddock oder kurze Schrittarbeit.

Leichte Arbeit Regelmäßig täglich bis zu einer Stunde leichtes Reiten – Dressur, Longe, Ausritte. Oder leichtes Training mit einigen Sprüngen. Oder reine Schrittausritte von 1 – 2 Stunden Dauer.

Mittlere Arbeit Täglich bis zu zwei Stunden schulmäßiges Dressur- oder Springreiten, Ausritte mit einigen Trab- und Galoppstrecken. Oder 30 Minuten sehr starkes Training für Turniere.

Schwere Arbeit Vielseitigkeit, Distanzreiten, Jagdreiten, Fahren.

Ein Schrittausritt rund um die Weide gehört für einen Haflinger zur Leistungsgruppe „Keine Arbeit".

Deutliche Längsrinne auf dem Hinterteil: Bei den meisten Pferden ist das ein Zeichen von Übergewicht. Bei Friesen und Kaltblütern darf die gespaltene Kruppe aber rassebedingt sein.

W Wichtig

Was wiegen Pferde?
- Shetlandpony: 100 – 250 kg
- Deutsches Reitpony: 280 – 350 kg
- Islandpferd: 350 – 450 kg
- Fjordpferd: 400 – 450 kg
- Araber: 400 – 500 kg
- Engl. Vollblut: 400 – 600 kg
- Haflinger: 440 – 500 kg
- Quarter Horse: 420 – 550 kg
- Warmblut (z. B. Holsteiner, Friese): 500 – 650 kg
- Kaltblut als Reitpferd (Freiberger): 450 – 600 kg
- Kaltblut schwer (Bretone, Shire Horse): bis 1000 kg

Gewicht – wichtig für die *Futtermenge*

Nicht nur die Leistung ist entscheidend für die Menge des Futters. Auch das Körpergewicht Ihres Pferdes bestimmt mit darüber, wie der Trog angemessen zu füllen ist. Und womit.

W Wichtig

Fressdauer – Kauen ist die erste Pferdepflicht
Fünf Stunden am Tag muss das Pferdemaul in Bewegung sein – mindestens. So lange kauen Großpferde:
1 kg Heu und Stroh = 40 – 60 Minuten (Ponys 60 – 90 Min.)
1 kg Hafer oder Pellets = 10 Minuten (Ponys 30 – 40 Min.)
1kg Müslifutter = bis 20 Minuten (Ponys 30 – 40 Minuten)

Leicht- oder schwerfuttrig?
Selbst wenn man das Körpergewicht seines Pferdes ungefähr kennt, ist man noch nicht aus dem Schneider, was die Futtermenge angeht. So darf z. B. ein 450 kg schweres Fjordpferd nicht gleich viel Futter haben wie ein Araber mit ähnlichem Gewicht. Selbst wenn beide täglich etwa gleich lange geritten werden. Es gibt unter den Pferden gute und schlechte Futterverwerter.

Leichtfuttrig Unter diese Rubrik kann man viele Ponys und Kaltblüter einordnen. Um ihr Gewicht zu halten, brauchen sie nur wenig Futter. Extrem leichtfuttrig sind die Robustrassen aus dem hohen Norden – Shetlandponys,

Islandpferde, Norweger, außerdem die Freiberger Pferde aus der Schweiz. Kennzeichen: Sie regen sich selten auf, sind dickfellig. Auch bei ruhigen Warmblütern gibt es leichtfuttrige Pferde.

Schwerfuttrig Dazu gehören die grazilen, feurigen Pferde – Araber und andere Vollblüter, aufgeregte Warmblüter. Quirlige Pferde mit dünnem Fell brauchen bei nasskaltem Wetter mehr Futter, falls sie draußen stehen.

Warum ist Dicksein falsch? Überfütterte Pferde werden zu faulen, kränkelnden Reitwalzen. Wenn der Besitzer mit dem Sattel naht, liest er (mit etwas Phantasie) in Leuchtschrift auf der Pferdestirn: „Arbeit? Nein danke!" Kein Wunder, denn Übergewicht macht dem Pferd auch ohne Reiter schon genug zu schaffen. Jedes überflüssige Kilo verursacht Schwitzen, belastet die Beine und geht auf die Gelenke.

Sinnig abspecken Wie schafft man es, dass das Pummelchen wieder eine pferdeähnliche Figur bekommt? Bitte keine Mahlzeiten ausfallen lassen. Das verkraften Magen und Darm nicht. Auch die FdH-Kur („Friss die Hälfte") ist für Pferde nicht angebracht. So geht es schonend: Gesunden Pferden gibt man 70 % des Erhaltungsbedarfs (siehe Seite 36 – 39). Nie beim Raufutter sparen, denn das brauchen Diät-Pferde reichlich. Birkenäste zum

Ist mein Pferd zu dick?

○ **Stark verfettet?**
Rumpf gleicht massigen Tonne. Tiefe Längsrinne über der Wirbelsäule. Rippen nicht mehr tastbar. Speckhals mit Fettfalten.

○ **Deutlich zu dick?**
Tonniger Körper. Wirbelsäule liegt in einer Rinne. Rippen nur unter Druck spürbar.

○ **Normal und gut?**
Rumpf wohlgeformt, die Kruppe rund ohne Gruben. Die Rippen sind bedeckt, aber zu fühlen.

○ **Mager?**
Rippen, Hüfte, Beckenknochen deutlich sichtbar. Wirbelsäule tritt hervor. Dünner Hals.

Beknabbern und frisches Laub von Birke, Haselnuss oder Weide stillen das Kaubedürfnis.
Zur Diät muss regelmäßige Bewegung kommen, lange Schrittausritte planen!

Bei einem gut genährten Pferd spürt man die Rippen bei leichtem Druck.

Was taugt das Heu?

Wie riecht es?
Gutes Heu duftet aromatisch. Muffiger Geruch deutet auf Feuchtigkeit und Schimmel hin.

Ist die Farbe okay?
Hochwertiges Heu sieht grün aus, allenfalls blassgelb. Schlechtes Heu: braun oder schwarz.

Wie ist der Griff?
Das Anfassen muss angenehm sein, die Halme trocken. Ist das Heu klamm und hängt filzig zusammen (Schimmel!) gehört es auf den Müll.

Staubt's?
Werden Sie beim Aufschütten durch eine Staubwolke von Reizhusten gequält? Leicht vorstellbar, was die empfindliche Pferdelunge bei solchem Heu ertragen muss!

Gutes Heu – wertvolle Rohfaser

Tagesbedarf Raufutter
Pferde brauchen täglich rund 1 kg Raufutter pro 100 kg Körpergewicht. Ein 500 kg Großpferd benötigt also mindestens 5 kg.
Wegen der ausgewogenen Nährstoffe soll Raufutter überwiegend aus Heu oder Heulage bestehen.

▸ **Wie geschaffen für Pferde** Das wichtigste Grundfutter neben Gras ist Heu. Die getrockneten Wiesengräser sind wie geschaffen für unsere Pferde. Die Stängel werden gründlich zermalmt, die Rohfaser füllt langsam und stetig Magen und Darm.

▸ **Kau-Programm** Stundenlang beschäftigen sich Pferde mit dem Kauen. Das langsame Malmen brauchen sie. Nicht nur, weil der Speichel bei der Verdauung hilft, sondern ebenso für ihre innere Zufriedenheit.
Die Pferdezähne profitieren auch vom Heu kauen – sie nutzen sich gleichmäßig ab, es bilden sich keine scharfen Zahnhaken.

▸ **Güteklasse Eins** Das beste Pferdeheu wird zu Beginn der Blüte geerntet (erste Juniwochen). Aber auch älteres Heu kann günstig sein, z. B. im Frühjahr als Beifutter zum ersten frischen Gras, denn es enthält weniger Eiweiß.

Das steckt im Heu
1 kg Heu enthält 8 Megajoule (MJ) und 47 – 54 g Eiweiß. Gutes Verhältnis von Calcium zu Phosphor (Werte bei Ernte zu Beginn der Blüte).

Gewaschenes Heu lässt man gut abtropfen. Nass servieren; wegen der Schimmelgefahr am besten auf Steinböden auslegen.

Duftendes Gebirgsheu: Es wird auf Stangen getrocknet, weil der Boden zu feucht ist.

Richtige Reihenfolge Heu gibt man vor Kraftfutter, das erleichtert die Verdauung von Getreide und Pellets.

Wechselnder Nährwert Die Halme sind unterschiedlich reich an Energie, Eiweiß und Mineralstoffen. Je nach Grasart, Erntezeit, Wetter und Güte des Bodens schwanken die Werte.

Giftpflanzen im Ballen Oft stehen Hahnenfuß und Farne auf den Wiesen. Diese giftigen Pflanzen werden natürlich mit abgemäht und wandern schließlich auch mit ins Heu. Auch getrocknet bleiben sie schädlich. Schlimmes richten sie zwar selten an, weil ja ständig neue Ballen angebrochen werden. Aber sie sind oft die Ursache für überraschenden Durchfall, für unerklärliche Hautprobleme und können Allergien auslösen.

Trocken lagern
Auf Dachböden legt man eine Schicht Stroh unters Heu, um es vor Stalldunst zu schützen. Ballen mit Abstand stapeln, damit die Luft zirkulieren kann.

Ballengröße Großballen schimmeln eher als kleine Ballen. Gepresste Ballen müssen vor dem Füttern 3 – 4 Monate durchschwitzen.

Wichtig W

Heu kann man waschen!
Für hustende Pferde ist trockenes Heu tabu. Selbst die beste Ware staubt, auch wenn man es nicht sieht. Ausweg: Heu waschen. Den ganzen Ballen mindestens zwei Stunden in kaltem Wasser völlig untertauchen. Oder Heu rippenweise in einem Kübel waschen. Gründlich mit der Forke walken und baden. Nur etwas wässern oder einmal mit dem Schlauch drübergehen reicht nicht.

Heucobs *für Allergiker*

Segensreich für hustende Pferde sind Heucobs, weil sie nicht stauben. Sie bestehen aus getrocknetem Gras, das in Formen (runde Cobs, aber auch Pellets und Briketts) gepresst wird. Qualität erkennt man am aromatischen Duft und an den groben Fasern.

Man muss Cobs auf mehrere Mahlzeiten am Tag verteilen. Pferde verdrücken sie schneller als Heu. Cobs immer getrennt von anderem Futter geben. Weder mit Hafer noch mit Möhren oder Äpfeln. Sonst kaut das Pferd nicht richtig und verschluckt ganze Brocken. Schlundverstopfung droht!

Wie viel? Man rechnet pro Tag dieselben Mengen wie bei Heu – rund 1 kg Cobs pro 100 kg Pferdegewicht. Schleichend drei Wochen umstellen. Heu nur zum Teil ersetzen – Ballaststoffe!

Nährwert 1 kg Heucobs enthalten 9,5 Megajoule (MJ), 60 g Eiweiß.

Gute Heucob-Qualität: Je gröber die Fasern, desto gründlicher kaut das Pferd.

Ⓦ Wichtig

Weniger Ballast als Heu
Heulage enthält 40 – 60 % Trockensubstanz und wird ähnlich wie Heu gefüttert: gut 1 kg pro 100 kg Pferdegewicht. Anwelk-Silage für Pferde hat nur 35 – 40 % Trockensubstanz. Um davon genügend Ballaststoffe zu bekommen, müsste man 1 kg Heu durch 2 kg Silage ersetzen. Schlecht verträglich! Besser Silage mit Heu und Stroh kombinieren.

Silage: *staubfrei füttern*

Ställe, in denen Heulage oder Anwelk-Grassilage gefüttert wird, haben kaum Probleme mit hustenden Pferden. Der unschätzbare Vorteil der mild gesäuerten Gräser: Sie sind leicht feucht und stauben nicht.

Die dicken, meist weißen Folienballen sind aber keineswegs alle gleich. Pferde-Silage muss mindestens 35 % Trockensubstanz enthalten, besser sind 60 %. Am heuähnlichsten ist so genannte Heulage.

Aufpassen, wenn Ihr Pferd auf einem Hof steht, auf dem auch Kühe gehalten werden! Rindvieh-Silage ist viel zu feucht und zu eiweißreich für Pferde. Allenfalls mal als kleines Beifutter geeignet!

Heulage kann das Heu ganz ersetzen, feuchte Anwelk-Silage eher nicht. Sie ist für die komplizierte Pferde-verdauung nicht so günstig wie Heu-lage. Silage kombiniert man besser mit Heu und gutem Stroh, sonst fehlen dem Pferd Ballaststoffe und es bekommt zu viel Eiweiß.

Grundfutter mit Ansprüchen
Silage und Heulage sind ein klasse Grundfutter, das allerdings ziemlich hohe Ansprüche an Umgang und La-gerung stellt. Ist die Folie einmal geöff-net, muss der Ballen rasch verfüttert werden. Im Winter in 4 – 5 Tagen, in feuchtwarmen Sommern in 1 – 2 Tagen.

Silage im Winter Bei Frost ist Umsicht nötig. Am besten wickelt man die nöti-ge Portion Silage ab und legt sie frost-sicher in die Stallgasse. Angefrorene Silage bekommt Pferden schlecht – Durchfall und Koliken drohen.

Richtige Lagerung
Die Ballen können zwar im Freien liegen, die Folie darf aber nicht beschä-digt werden.

Vögel und Mäuse Abdeckplanen über den Ballen verhindern das Anpicken durch Vögel. Von unten sollten die Bal-len gegen Mäuse geschützt sein, die sich gern durch die Folie nagen. Auf befestigten Platz oder auf Sand legen.

Platte Seite Für längere Lagerung müssen die Ballen auf die flache Ober- oder Unterseite gestellt werden. Liegen

Ist die Silage okay?

Wie duften die Halme?
Gute Silage duftet aromatisch bis leicht säuer-lich, ungefähr wie kräftiges Graubrot. Schlechte Qualität riecht dagegen stark sauer. Vorsicht auch bei zu hoher Feuchtigkeit!

Wie sieht die Ware aus?
Einwandfreie Silage ist sauber. Schmierige Stängel und graue Nester verraten, dass Schimmel im Ballen wütet. Kolikgefahr! Wegwerfen!

Bläht sich die Folie auf?
Vorsicht! Das zeigt Fehlgärung und verdorbene Ware an. Nicht verwenden! Durch eingeschlossene tote Tiere (Mäuse) kann es zu lebensbedrohlichem Botulismus beim Pferd kommen.

Ist der Silageballen verformt?
Die Gräser wurden entweder zu feucht gepresst oder falsch gewickelt. Nicht verbrauchen. Besser: Die gesamte Lieferung gar nicht annehmen.

sie auf der runden Seite, bekommt die Folie Risse, Luft kann hinein. Gefähr-liche Fehlgärungen sind die Folge.

Nährwert
1 kg Heulage (55 % Trockensubstanz): 4,2 Megajoule (MJ), 44 g Eiweiß.
1 kg Anwelk-Silage (35 % Trocken-substanz): 3,6 Megajoule (MJ), 32 – 40 g Eiweiß.

T   *Tipp*

Der Mix macht`s
Wenn Sie stroh-
mäßig die freie
Auswahl haben,
bieten Sie Ihrem
Pferd die Wohlfühl-
Mischung an:
Saugfähiges Rog-
genstroh als Ein-
streu, Weizen-
oder Haferstroh
zum Knabbern.
Wichtiger als die
Sorte ist es aber,
dass die Halme
innen durchge-
trocknet sind.

Duftendes Stroh

Stroh ist eine gute Ergänzung zu Heu.
Besonders, wenn man Eiweiß sparen
will. Allerdings sind die Halme von Rog-
gen, Weizen, Gerste und Hafer kein
echter Ersatz für Heu, weil sie außer
Energie und Rohfasern wenig wertvolle
Inhaltsstoffe bringen. Stroh ist für Pferde vor allem wegen des Kau-Erlebnis-
ses und des Zeitvertreibs interessant.

Gebremste Mengen
Pro Tag füttert man höchstens 0,5 kg
Stroh pro 100 kg Pferdegewicht. Für ein
Großpferd mit Bewegung sind das rund
2 – 3 Kilo. Ist die Box mit Stroh einge-
streut, nimmt das Pferd 1 – 2 kg aus der
Einstreu auf (manche erheblich mehr).

Sperriger Kauspaß Die Mengenbe-
grenzung hat einen guten Grund: Stroh
ist grob und sperrig. Bekommen Pferde
zu viel davon zwischen die Zähne,
macht der Darm Ärger. Verstopfungskoliken gibt es oft bei „Strohfressern".
Das sind Pferde, die auch den letzten
Halm aus der Boxenecke suchen.

Vorsicht bei Krankheit Wenn Tiere
länger stehen müssen, zum Beispiel bei
Lahmheiten, herrscht Strohverbot –
wegen der Kolikgefahr. Bei Pferden mit
akutem Kolikverdacht räumt man sofort das gesamte Stroh aus der Box.

Das Ideal
Pferde lieben Stroh, das frisch duftet
und locker auseinander fällt. Augen auf
beim Einstreuen und Aufschütten: Kle-
ben die Halme zusammen? Dann
schnuppern Sie daran. Riecht das Stroh
muffig? Das ist ein Hinweis auf Schimmel, der sich breit macht. Am Anfang
fürs Auge unsichtbar, später erkennt
man graue oder schwarze Stellen. Ab
auf den Misthaufen damit!

Richtige Lagerung Strohballen gehören auf den Dachboden oder unter
ein regensicheres Dach (auf Holzpa-
letten). Leider ist das nicht mehr normal. Immer wieder sieht man auf Hö-
fen nasse Ballen vor sich hin faulen.
Großen Rund- und Rechteckballen be-
gegnet man besser mit Argwohn. Im
Innern sind sie selten trocken. Heute

*Stroh, das schön locker aus-
einander fällt, ist ein
Gaumenschmaus für Pferde.*

Frische Strohballen warten in Reih und Glied auf den Abtransport in ihre luftige Scheune.

wird Stroh häufig zu klamm gepresst. Liegen die Ballen zudem ungeschützt im Freien, muss man damit rechnen, dass Schimmel im Stroh sitzt. Wenn es in Ihrem Stall oft unerklärliche Koliken und Husten gibt – dann betrachten Sie das Stroh als tatverdächtig.
Auch luftdichte Abdeckfolien scheinen keine Lösung zu sein. Unter teilweisem Luftabschluss verstärkt sich das Feuchtigkeits- und Schimmelproblem eher.

Sichtprüfung Sehen die Ballen bereits von außen feucht aus? Gehen Sie davon aus, dass die Nässe auch ins Innere kriecht. Fäulnis breitet sich aus.
„Als Einstreu geht es immer noch", hört man als Argument. Stimmt nicht! Wie will man Pferde daran hindern, die Halme zu fressen, wenn sie kein anderes Raufutter haben? Oder die Schimmelpilzsporen einzuatmen? Gammelstroh hat nur eine einzige geeignete Anlaufstelle: den Misthaufen.

Nährwert
1 kg Stroh hat 5 – 6 Megajoule (MJ) und 9 – 15 g Eiweiß.

Spitzenfutter *Luzerne*

Die Powerpflanze gab den Wagenpferden von Griechen und Römern Kraft und Zähigkeit. Da ahnt man schon – Luzerne ist ein Spitzenfutter für Spitzenleistungen, für Sportpferde und Zuchtstuten. Für Freizeitpferde ist Luzerne in Massen zu üppig, als dosiertes Zusatzfutter aber ausgezeichnet; nur nicht gerade für genügsame Rassen. Luzerne wird bei uns überwiegend in Säcken angeboten; gehäckselt, mit Melasse. Das macht sie staubfrei und geeignet für Heu-Allergiker.

Nährwert:
1 kg Luzerne = 8,6 Megajoule (MJ), 98 g Eiweiß (mache Sorten bis 240 g).

Die Luzerne aus dem Orient liefert ein Mittelding zwischen Grundfutter (statt Heu) und Kraftfutter (statt Hafer). Sie ist reich an wertvoller Rohfaser, Eiweiß, Calcium und Karotin.

Verhältnis von Heu und Krippenfutter (pro Tag)

Pferdegewicht	Arbeitsleistung	Heu	Krippenfutter
Sportpony, 300 kg, ausgewachsen (z. B. Deut. Reitpony)	leichte Arbeit mittlere Arbeit	3 – 4,5 kg mind. 3 kg	1,5 – 2 kg bis 3 kg
Großpferd, 400 kg, ausgewachsen (z. B. leichtes Warmblut)	leichte Arbeit mittlere Arbeit	4 – 6 kg 4 kg	2 – 3 kg bis 4 kg
Großpferd, 500 kg, ausgewachsen (z. B. viele bekannte Warmblutrassen)	leichte Arbeit mittlere Arbeit	5 – 7,5 kg 5 kg	2,5 – 3,75 kg bis 5 kg
Großpferd, 600 kg, ausgewachsen (z. B. schwere Warmblut-rassen wie Friesen)	leichte Arbeit mittlere Arbeit	6 – 9 kg 6 kg	3 – 4,5 kg bis 6 kg

Erhaltungsbedarf bei Großpferden
Ohne Arbeit/Stehfutter bei 500 – 600 kg Körpergewicht:
8 – 10 kg Raufutter (überwiegend Heu) plus 1 – 2 kg Krippenfutter, angereichert mit Mineralfutter, dazu Salzleckstein.

Arbeitet ein Pferd leicht, braucht es viel Heu und nur wenig Hafer.

Kraftspender Hafer

Nur Pferde, die richtig arbeiten, brauchen Kraftfutter. Viele Pferdebesitzer wissen das nicht. Während sie von Heu (dem wichtigsten Grundfutter) eher zu wenig geben, schaufeln sie mit großem Vergnügen Hafer in die Tröge und wundern sich, dass ihre Pferde erst kaum zu bändigen sind, im Laufe der Zeit dick und anfällig werden.

Wichtiges Verhältnis

Das Verhältnis zwischen Kraftfutter und Heu muss stimmen. In unserer Tabelle links können Sie in etwa die Relation ablesen. Es kann sein, dass Ihr Pferd leichtfuttrig ist (S. 16) und weniger Kraftfutter braucht. Aber das Verhältnis zwischen Rau- und Kraftfutter sollte in etwa beibehalten werden. Genaue Futterpläne für verschieden schwere Ponys und Großpferde finden Sie auf den Seiten 36/37.

Glänzende Verdauung Hafer ist – in angemessener Menge – ausgezeichnet für die Verdauung. Das Korn enthält Schleimstoffe, die eine schützende Schicht in Magen und Darm bilden. Im Haferkorn steckt Fett. Deshalb haben Haferpferde glänzendes Fell.

Für Schwerarbeiter Pferde, die intensiv arbeiten müssen, brauchen viel Kraftfutter. Hafer vertragen Pferde auch in größeren Mengen.

Qualität erkennen

Große schwere Körner bieten bessere Qualität als kleine flache. Die Farbe spielt dagegen keine Rolle.

Schwüle Wärme – bloß nicht Der größte Feind von hochwertigem Hafer ist das Wetter. Wärme und Luftfeuchtigkeit lassen rasch Schimmel sprießen. Machen Sie regelmäßig die Schimmelprobe: Gute Körner duften schwach nussartig. Riechen sie ranzig oder duff, dann ist etwas im Busch. Schneiden Sie ein paar Körner durch. Sind sie innen weiß? Alles klar. Sehen Sie grau? Oder blau? Oder braun? Das ist Schimmel. Bloß nicht verfüttern. Dann auch bitte nicht zu intensiv in die Haferkiste hineinriechen, denn nicht nur für Pferde sind die Schimmelpilzsporen schädlich!

Hafer und Husten Hafer staubt ein wenig, darum halten Besitzer von hustenden Pferden sich davon fern. Muss aber nicht sein. Denn einige Firmen besprühen ihren Hafer mit Traubenzuckerlösung oder flüssigen Aromastoffen. Der feine Nebel bindet fast den gesamten Staub.

Der Hafer-Haken

Einseitige Hafer-Heu-Fütterung hat einen Haken. Es fehlen Mineralstoffe, und zwar deutlich. Man muss Calcium, Natrium (Salz) und Vitamin A (Karotin) ergänzen , sonst drohen auf Dauer Mangelerkrankungen. Das Manko

gleicht man aber kinderleicht und bequem aus: Mit Mineralfutter, Möhren und Salzleckstein. Man muss es eben nur wissen ...

Nährwert

1 kg Hafer enthält 11,5 Megajoule (MJ), 85 g Eiweiß.

Tipp **T**

Quetschhafer – für wen?

Pferde mit normalen Zähnen zermahlen ganze Haferkörner ohne Probleme. Oldies mit glattem Gebiss und junge Pferde im Zahnwechsel nicht. Sie bekommen gequetschten Hafer, der wird auch ohne langes Einspeicheln gut verdaut. Da er aber schnell verdirbt, sollte die Tagesmenge frisch in der Quetsche zerkleinert werden.

Mais ist eine vielseitige Futterpflanze. Für Pferde wird das ganze Korn nur verarbeitet eingesetzt: geschrotet (Mitte vorn) und als gepoppte Maisflakes (ganz unten).

Mais für Suppenkasper

„Nein, mein Futter fress ich nicht." In jedem Stall gibt es einige superschlanke „Suppenkasper". Diese mäkeligen Fresser starren trübe in den Trog und schieben die gewohnten Pellets lustlos hin und her, während ihre Stallgenossen sich mit Heißhunger über das Kraftfutter hermachen. Pferde, die generell schlecht fressen oder die bei Krankheiten viel Gewicht verloren haben, päppelt man mit Mais wieder auf. Verglichen mit Hafer enthält Mais weniger Eiweiß, mehr Energie und mehr Fett, das das Fell noch besser glänzen lässt als Hafer.

0,8 kg Mais ersetzt 1 kg Hafer. Mit Mineralfutter und Möhren ergänzen! Nicht zu viel Mais pro Mahlzeit geben. Bei Leistungspferden kann bis zu 1/3 des Krippenfutter aus Mais bestehen, bei wenig geforderten Pferden deutlich weniger.

Mit der Stärke im Maiskorn wird der Pferdedarm schlecht fertig. Mais kann bei anfälligen Pferden sogar Hufrehe begünstigen. Bei Ponys, die dazu neigen, lässt man Mais weg. Wenn ein Pferd schnell ins Schwitzen gerät, füttert man Mais nur in Minimengen.

Nährwert

1 kg Mais = 13,6 Megajoule (MJ), 64 g Eiweiß.

(W) Wichtig

Maiskörner brauchen Behandlung

Ganze Maiskörner sind für Pferde viel zu hart. Wenn sie nicht total ausgehungert sind, lassen sie die Körner liegen. Ist Mais dagegen bearbeitet, wird er gern gefressen und auch gut vom Körper verarbeitet. Geeignet sind geschroteter oder gepoppter Mais, der als Maisflocken und Maisflakes verkauft wird. Gepoppter Mais sieht aus wie große Cornflakes und ist von der Verträglichkeit her ähnlich wie Popcorn für Menschen, auch so leicht verdaulich.

$+\% = 6 kg$

$7\% = 100 kg$

Rehe - Rechnung (Diät)

13,5   8,5

7 kg

7,5 kg 88%

85%   6 kg   70%

70%   5 kg   6 kg

5,5 kg   7 kg

2,3 kg/Rz

1,8 kg/
pro Rz

$\frac{1,8}{2,3}$ = 4,5 kg/Rz bride

Shetty 500 kg

ohne Arbeit - leichte Arbeit

75 Mj 375 g Eiweiß

5,5 kg Heu = 44 Mj 275 g Eiw.

~~1 kg~~ 2,0 kg Möhren = ~~3~~ 4 Mj 26 ~~13~~ g Eiw.

48 Mj 301 ~~263~~ g Eiw

~~12 kg~~ ~~2 kg~~ 10 kg Hafer = ~~22~~ 11 Mj 85 ~~170~~ g Eiw.

65 Mj ~~433~~ g Eiw. 386 g Eiweiß

+ Eiw = 65 Mj

74 Mj = 363 g

+ Eiw = 50 Mj

~~Eiw~~ 433 g = Eiw

Calcium, Natrium
Vitamin A – Möhren
= Lecksteine =

1 kg Hafer ≙ 85 gr. Eiweiß ≙ 11,5 Megajoule

1 kg Möhren ≙ 13 gr. Eiweiß ≙ 2,0 Megajoule

1 kg Heu ≙ 50 gr. Eiweiß ≙ 8,0 Megajoule

Lucki   350 kg   170 Cal / 10 P / 10 Na

ohne / leichte Arbeit   48 Megaj. = 245 gr. Eiweiß

3,5 kg	Heu	28 Mj.	175 gr. Eiw.
1,5 kg	Möhren	3 Mj.	19,5 –||–
2,0 kg	Hafer	23 Mj.	170 gr. –||–
		54 Mj	364,5 –||–

Shetlow   500 kg   25 gr. Ca / 15 P / 15 Na

ohne / leichte Arbeit   65 Megaj. = 320 gr. Eiw.

5,0 kg	Heu	40 Mj.	250 gr. Eiw.
2,0 kg	Möhren	4 Mj.	26 gr. –||–
? kg	Hafer	34,5 Mj	255,- –||–
		78,5	531,5 –||–

+ tgitab = 850 kg
=
35 kg Heft
600 kg

Buch
Pferdefütterung
v. Kraft

$g + 4,5 =$
$\dfrac{45,0\ kg}{40,5\ kg}$
45

45 kg
44,- kg
+_ 40,5
____
3,5 kg   10.Tg

Vorbehandelte *Gerste*

Normale Gerstenkörner sind schwer zu genießen. Und zwar im doppelten Sinn: Pferdezähne bekommen die harten Dinger kaum klein und der Magen-Darm-Trakt ist ebenfalls mit ganzer Gerste überfordert.

Früher weichte man die ganzen, schwer verdaulichen Körner lange in heißem Wasser ein. Aber für diese umständliche Zubereitung fehlt es in modernen Ställen an Personal, an Kübeln und Futterküchen.

Was es gibt Darum braucht man vorbehandelte oder bearbeitete Gerste. Fein geschrotet lassen die Körner sich gut verfüttern. Neu ist gepoppte, leichter verdauliche Gerste (ähnlich bearbeitet wie die Flocken von Mais).

Austausch-Menge Gerste tauscht man nur in kleinen Mengen gegen anderes Krippenfutter aus, und zwar langsam einschleichend. Gerste sollte maximal 1/3 des Krippenfutters ausmachen. In Gerste steckt mehr Energie als in Hafer. Fehlende Mineralien sowie Vitamin A ergänzt man durch Mineralfutter und Möhren.
0,9 kg Gerste ersetzt 1 kg Hafer.

Nichts für Empfindliche Weil die Körner nicht so schnell schimmeln wie Hafer und billiger sind, werden sie in großen Ställen gern gefüttert. Beob-

achten Sie, ob Ihr Pferd Gerste verträgt. Das Problem ist die Stärke im Korn – ähnlich wie beim Mais.
Zu große Mengen sind vermutlich mit Schuld an Hufrehe. Wenn Ihr Pferd dazu neigt, verzichten Sie besser auf Mais und Gerste.

Nährwert
1 kg Gerste = 13 Megajoule (MJ), 87 g Eiweiß.

Tipp T

Mit Öl rutscht's besser
Pflanzenöl ist beim Füttern von Gerste nützlich. Einen kleinen Schuss Öl (etwa 2 – 3 Esslöffel am Tag) über die Gerste-Mahlzeit geben – das hilft der Verdauung. Besonders alte und kolikanfällige Pferde brauchen das Schmiermittel.

Vollwert-Pellets

Bereits in zahlreichen Ställen lösen die kleinen gepressten Pellets herkömmliches Kraftfutter ab – Hafer, Gerste, Mais. Mancher Pferdebesitzer betrachtet die Fertigkost mit Argwohn: Ob das gesund ist?

Sie können beruhigt sein. Vollwert-Pellets von bekannten Herstellern enthalten erstklassige Inhaltsstoffe. Der große Vorteil gegenüber klassischem Getreide: Vollwert-Pellets versorgen das Pferd mit lebenswichtigen Mineralstoffen und Vitaminen, die in Hafer, Mais und Gerste fehlen. Die wichtigen Lebensstoffe werden zusammen mit Hafer, Gerste, Heu, Kleie, Leinsamen, Pflanzenöl und Melasse in kleine Röllchen gepresst. Manche Firma lässt Hafer oder andere Getreidebestandteile weg, das mixt jeder Hersteller anders zusammen.

Pellet-Futtermenge nicht über den Daumen schätzen, sondern zumindest einmal auf einer Küchenwaage auswiegen.

Qualitäts-Check
Die Pellets sollten schön fest, aber nicht knüppelhart sein. Gute Ware hat nur wenig staubartigen Abrieb, das merkt man daran, dass beim Einschütten in den Trog kaum Mehl zu sehen ist. Dunkle Ränder sind ein Zeichen von zu heißer Herstellung, das kann den Geschmack und die Nährstoffe beeinträchtigen. Das Futter muss absolut trocken sein, auch die innere Beschichtung in den Papiersäcken darf sich nie feucht anfühlen. Weiche, klamme und alte Pellets nicht mehr verwenden. Verdorbene Pellets können gefährliche Aufgasungs-Koliken verursachen.

Die beste Lagerung
Papiersäcke mit Pellets stellt man nicht auf den Betonboden der Futterkammer. Schnell zieht sonst Feuchtigkeit in das Papier.
Am besten setzt man den Originalsack auf Lattenroste oder Kanthölzer. Zu allen Seiten ein Stück von Mauern abrücken. Falten Sie die Futtertüte immer ganz bis auf den restlichen Inhalt herunter. Legen Sie schwere Ziegelsteine zur Abwehr von neugierigen Katzen und hungrigen Mäusen auf die Falte.

Welche Menge füttert man?
1 kg Vollwert-Pellets können gegen 1 kg Hafer ausgetauscht werden. Faustregel: Ab 3 kg Pellets pro Tag ist ein Großpferd ausreichend mit Mineralien und Vitaminen versorgt.

Nährwert
1 kg Vollwert-Pellets haben im Durchschnitt 10 – 11 Megajoule (MJ) und 68 – 95 g Eiweiß.
Genaue Angaben für jede Sorte finden Sie auf den Anhängern an den Original-Futtersäcken.

Müslifutter besteht aus losen Körnern und Flocken.

Müslifutter braucht – genau wie Pellets – Raufutter-Ergänzung durch Heu und Stroh.

Müsli-Mix-Futter

Vollwert-Müsli ist ein ähnlich wertvolles, gemischtes Kraftfutter wie Pellets. Der Unterschied zu Pellets besteht darin, dass die Zutaten lose als Flocken und Körner in den Trog kommen.

▶ **Großes Plus** Pferde kauen an Müslifutter doppelt so lange wie an Pellets oder Hafer. Für ein Kilo Müsli-Futter braucht ein Großpferd 20 Minuten. Wertvolle Zeit, die der Speichelbildung dient.
Bei Ponys, die ohnehin nur wenig Futter bekommen, ist die längere Fresszeit natürlich sehr erwünscht.

▶ **Austauschmenge** Müsli gibt es in vielen unterschiedlichen Mixturen. Bei Vollwert-Sorten ersetzt man in der Regel ein Kilogramm anderes Kraftfutter durch ein Kilogramm Müsli.
Die Mineral- und Vitaminversorgung ist für Großpferde ab drei Kilogramm Futter gesichert.

▶ **Heu muss dazu!** Müslifutter ist ein Kraftfutter und kein Ersatz für Raufutter. Auch wenn die Flocken noch so sehr wie Ballaststoffe aussehen – es sind keine. Sie müssen zu Müsli die gleiche Menge Heu oder Stroh kombinieren, wie bei anderem Kraftfutter. Müsli-Säcke nehmen viel Platz ein. Klären Sie vor dem Kauf, ob dafür ein kühler, trockener Lagerraum frei ist.

Nährwert
1 kg Vollwert-Müsli enthält im Schnitt 11,5 MJ und 68 – 91 g Eiweiß.

Tipp T

Lightfutter für Pummel-Ponys
Viele Ponys dürfen nur wenig Futter haben, weil sie schnell zunehmen. Spezielles Pony-Futter ist eiweiß- und kalorienärmer als anderes. Für Islandpferde und Ponys mit Ernährungsproblemen werden Sorten angeboten, die mit ihren Mineralstoffen genau auf die Rassen oder Krankheiten zugeschnitten sind. Light-Futter wird in Müsli- oder Pelletform angeboten.

Fertigmash: Beim Einschütten begutachtet man die Bestandteile kritisch. Sehen sie sauber aus? Oder breitet sich etwa Schimmel an einzelnen Körnern aus?

mit kochendem Wasser übergossen, quillt 30 Minuten, fertig. Warm mögen Pferde den Brei am liebsten. Mash besteht aus lauter guten Zutaten wie Quetschhafer, Leinsamen, Mais- und Gersteflocken, Weizenkleie, Melasse, Sonnenblumenkernen, Bierhefe, Öl. 1 kg Mash ersetzt 1 kg des üblichen Kraftfutters und wird ein- bis zweimal in der Woche gegeben.

Nährwert
1 kg Mash = 10 Megajoule (MJ), 67 g Eiweiß.

Mash – manche mögen's heiß

Mash ist die gesunde Schlabbermahlzeit für alte, kranke und kolikanfällige Pferde, außerdem beim Fellwechsel. Die Aufbau-Diät ist als schnelle Fertigmischung im Handel. Das Müsli wird

Leinsamen heilen

Die Ölsamen helfen Pferden nach einer Kolik wieder auf die Beine. Die Schleimstoffe des Leinsamens überziehen Magen und Darm mit einem heilenden Film. Weil Leinsamen etwas Blausäure enthalten, müssen größere Mengen zehn Minuten lang gekocht werden. Trocken darf man nur winzige Mengen zum Futter geben (am Tag maximal 100 g für ein Großpferd). Allerdings kommen sie nur in geschroteter, gequetschter oder fütterungsfertiger Form in Frage. Leinsamen kauft man nur in kleinsten Mengen, da sie rasch ranzig werden.

Nährwert
1 kg Leinsamen = 14,1 Megajoule (MJ), 164 g Eiweiß.

(T) Tipp

Leinkuchen, wenn es schnell gehen soll
Eine klasse Möglichkeit, kolikanfällige Pferde vorbeugend mit Leinsamen-Schmierstoffen zu versorgen sind kleine Leinkuchen. Diese gesunden Rückstände bleiben beim Pressen von Leinöl zurück. Ein Großpferd kann bis zu 100 g am Tag davon fressen. Einmal eine Portion auswiegen – Leinkuchen sind ziemlich schwer. Eine kleine Hand voll kommt meistens als Tagesdosis hin. Pferde mümmeln die fettigen Riesenleckerli gern weg. Vorrat fix aufgebrauchen, denn Leinkuchen können ranzig werden.

Geheimtipp Öl

Wie geschmiert funktioniert die Verdauung nicht nur mit Leinsamen, sondern auch mit Pflanzenöl. Besonderes Plus: Die Anwendung beim Füttern kostet nur wenige Sekunden Zeit. Gut drei Esslöffel am Tag genügen für ein Großpferd, damit werden die guten Eigenschaften des Öls im Körper ausgenutzt. Zu viel Öl gibt Magenprobleme.
Ein Schuss Öl ist gut, wenn Pferde viel Energie benötigen, aber wenig Eiweiß und Stärke haben sollen. Außerdem hervorragend für alte, kolikanfällige und hustende Pferde – und für ein seidig glänzendes Fell.
Speziell für Pferde gibt es kaltgepresste Ölmischungen und pures Leinöl. Aber auch anderes Pflanzenöl wirkt ausgezeichnet: Sonnenblumen-, Weizenkeim-, Mais- und Sojaöl.

Nährwert
1 kg Pflanzenöl = 36,1 Megajoule (MJ, kein Eiweiß.

Vielfältige Leckerlis

Ausbilder behaupten, dass ein freundliches Lob als Anerkennung für richtiges Pferdeverhalten genügt. Mag sein. Aber, könnte man Pferde fragen, würden sie sicher gern auf warme Worte verzichten und lieber ein Lob in gebackener Form nehmen.

Leckerlis, die Drops und Riegel aus Getreide, gibt es in unendlicher Vielfalt. Wählen Sie einfach den Liebingsgeschmack Ihres Pferdes aus.

▸ **Altbrot** Ja, richtig gelesen – altes Brot gilt als Leckerli! Nur hart und als Vollkornbrot geben. Nicht in größeren Mengen verfüttern, denn Altbrot ist kein Ersatz für gutes Mischfutter.

Leckerlis duften nach knusprigem Brot, nach Möhren, Äpfeln, Bananen, Kräutern und Pfefferminz.

Mineralfutter ist hoch konzentriert. Die notwendigen geringen Mengen wiegt man mit der Briefwaage genau ab.

C Check

Mineralstoff-Mangel erkennen

Zu wenig Calcium?
Entkalkt Knochen, löst unklare Lahmheiten aus.
In Luzerne, Trockenschnitzel, Heu.

Zu wenig Salz?
Die Folgen: Kreislaufschwäche, Störungen der
Nerven- und Muskelarbeit, Koliken, trockene Haut
(Nase, Maul), Lecksucht, Erde fressen.
Nur ersetzbar durch Salz oder Mineralfutter.

Zu wenig Magnesium?
Erkennbar durch Muskelzittern, Krämpfe, erhöhte
Erregbarkeit. Kommt vor in Kleie, Leinsamen,
Luzerneheu.

Zu wenig Kalium?
Möglich nach Durchfall, übermäßigem Schwitzen
oder schweren Leistungen. Führt sogar zum Kreislaufkollaps. Kalium steckt in Grünfutter, Heu,
Silage, Bierhefe.

Salz, Mineralstoffe und wichtige *Vitamine*

Das übliche Pferdefutter – Gras, Heu
Hafer, Gerste – enthält zu wenig Salz.
Außerdem fehlen fast immer Calcium,
andere Mineralstoffe, Spurenelemente
und Vitamin A (Seite 39).
Dagegen ist fertiges Mischfutter (Vollwert-Pellets oder Müslifutter) mit Salz,
Mineralien, oft auch mit Vitaminen angereichert. Mischfutter versorgt etwa
ab 3 kg pro Tag rundherum mit lebenswichtigen Stoffen.
Mineralfutter gibt es als Mini-Pellets,
Biskuits, als Saft und Leckschalen. Die
nötige Menge richtet sich nach Pferdegewicht und Arbeit. Empfehlungen sind
auf die Packungen aufgedruckt.

*Ein schwitzendes Pferd
verliert Salz und braucht
Ersatz im Futtertrog.*

Welches Kraut wofür?

Nützliche Lecksteine

Salz-Lecksteine gehören auf jede Koppel, befestigt am Unterstand. Boxenpferde ohne Mischfutter brauchen den Leckstein ebenfalls. Günstigster Platz ist die Wand neben dem Trog.

Kräuter – *ja, aber ...*

Wilde Kräuter gehörten immer zum Fressprogramm unserer Pferde. Leider sind die Wiesen heute sehr einseitig geworden. Verirren sich aber doch mal Kamille oder Ackerschachtelhalm an einen Koppelrand, spüren Pferde sie garantiert auf und zerkauen sie mit großem Vergnügen.

Vorsicht Allergie Im Futterhandel gibt es allgemeine Wiesenkräuter-Mischungen und Heilkräuter zur Behandlung von Gesundheitsstörungen. Sie können bei Husten, Koliken, Hautproblemen, Nervosität helfen. Andererseits sollte man daran denken, dass viele Pferde unter Allergien leiden, die durch bestimmte Kräuter noch verstärkt werden. Spitzwegerich ist so ein Fall – hilft gut bei Erkältungs-Husten, ist aber bei allergischem Husten völlig fehl am Platze. Tierarzt fragen!

Ursachen suchen Kräuter unterstützen die Behandlung durch den Tierarzt oft sinnvoll, doch sie ersetzen den Arztbesuch natürlich nicht. Kräuter

Magen-Darm-Störungen
Anis, Fenchel, Kamille, Pfefferminze, Melisse

Husten bei Erkältung
Anis, Fenchel, Thymian, Huflattich

Hautprobleme
Löwenzahn, Ackerschachtelhalm (bei Allergien Tierarzt fragen)

Erregbarkeit, Stress
Baldrian, Anis, Kamille, Melisse

sind kein Allheilmittel. Sie können Beschwerden nur lindern, wenn auch die Krankheitsursachen abgestellt werden: ungünstige Haltung (miefige Einstreu, schlechte Luft), falsche Fütterung (schimmeliges Raufutter), Bewegungsmangel, Überforderung.

Kräutervielfalt am Wegesrand: Wer die einzelnen Pflanzen nicht hundertprozentig kennt, muss seinem Pferd Naschverbot erteilen.

Saftiges Futter wie Äpfel und Möhren darf nur einwandfrei verfüttert werden. Natürlich muss es nicht 1. Qualität sein, aber Faul- und Schimmelstellen sind niemals erlaubt.

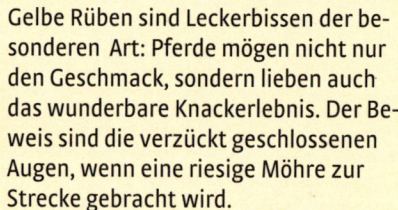

Knackige Möhren

Gelbe Rüben sind Leckerbissen der besonderen Art: Pferde mögen nicht nur den Geschmack, sondern lieben auch das wunderbare Knackerlebnis. Der Beweis sind die verzückt geschlossenen Augen, wenn eine riesige Möhre zur Strecke gebracht wird.
Möhren gibt man ganz. Harte, große, Wurzeln teilt man der Länge nach oder schneidet sie in grobe Stücke. Möhren-

scheiben bleiben in der Speiseröhre stecken, weil sie nachlässig zerkaut und hastig geschluckt werden.
Besonders in der kalten Jahreszeit sollten Möhren eingekauft werden.
Als Lustersatz für Gras und als Lieferant für Karotin (Vitamin A), das in Heu und Kraftfutter oft fehlt. Nie gefrorene Möhren füttern – Kolikgefahr!
Die roten Wurzeln eignen sich prima für Ponys, die außer Heu und Stroh kaum Futter brauchen. 6,6 kg Möhren ersetzen die Energie von 1 kg Hafer, bringen aber kaum Eiweiß mit.

Saftige Äpfel

Pferde sind ganz verrückt auf Äpfel, vertragen sie aber nicht in großen Mengen. Sie sind nur begrenzt erlaubt. Großpferde vertragen 1 – 2 kg Äpfel am Tag, wenn sie langsam daran gewöhnt werden, manche auch mehr. Das ist bei Tieren so unterschiedlich wie bei Menschen. Manche stecken die Fruchtsäure locker weg, andere reagieren sehr empfindlich mit Durchfall oder Kolik. Bei Birnen ist die Gefahr noch stärker. Generell sollten Pferde Äpfel nur als einzelne Leckerei bekommen, nicht als Futterersatz.
Glatte Äpfel rollen im Trog immer wieder vor den schnappenden Pferdezähnen weg, lassen sich nicht zerbeißen. Die Schale ist rasch eingespeichelt und das Pferd kann den glitschigen Apfel

W Wichtig

Möhren säubern und richtig lagern
Anhaftende Erde muss entfernt werden. Entweder abwaschen oder kräftig abbürsten. Faule oder schimmelige Möhren sofort entfernen. Eine einzige verdorbene Möhre steckt manchmal in einem Tag den ganzen Sack an, speziell bei feuchter Wärme. Möhren bleiben bei rund drei Grad Wärme am knackigsten. Kleine Vorräte behalten in der Gemüseschale des Kühlschranks lange ihre Frische, wenn man das Fach dick mit Zeitungspapier auslegt.

Apfelbäume auf der Koppel sind nicht ohne Gefahr: Im Fallobst sitzen oft Wespen, die Pferden beim Fressversuch ins Maul stechen können. Vor dem Weidegang sammelt man zumindest unten liegende Früchte ab.

nur noch ganz ins Maul nehmen. Gierköpfen bleibt er im Hals stecken. Darum zerteilt man glattschalige Früchte in große Würfel, auf jeden Fall für alte Pferde.
Verboten sind Äpfel mit Schimmel- oder Faulstellen. Wegwerfen!

Wertvolle Rübenschnitzel

Was wir als pelletierte Trockenschnitzel in Säcken kaufen, waren einmal Zuckerrüben. Zu Unrecht sind die Rübenschnitzel etwas vergessen, denn sie sind gut zum Austausch von Kraftfutter. Beispielsweise, wenn man weniger Hafer füttern muss. Rübenschnitzel bringen zwar wertvolle Energie und Calcium mit, enthalten aber wenig Eiweiß, mit dem Pferde sowieso oft überversorgt sind.
Vorsicht: Rübenschnitzel nur in Wasser gequollen verfüttern! 1 kg Pellets mit

4 Litern Wasser übergießen und 12 Stunden quellen lassen. Warnung: Trockene Rübenschnitzel quellen in der Speiseröhre auf und verursachen qualvolle Schlundverstopfungen.

Süße Bananen

Es gibt kaum ein Pferd, das Bananen nicht liebt. Das süße Fruchtfleisch ist rasch verdrückt – danach geht das Vergnügen erst richtig los. Die Reste werden genüßlich vom Trog geleckt. Interessant ist der hohe Magnesiumgehalt der krummen Früchte. Der macht Bananen zwar nicht wirklich wichtig für die Ernährung, trotzdem sollte man sie im Auge behalten. Bananen können fressunlustigen Pferden helfen, wieder Interesse am Futter zu finden. Auch nach Krankheiten päppeln Bananen schwache Tiere auf.

Nur vollreife Bananen verfüttern (natürlich ohne Schale), grünliche Früchte vertragen Pferde nicht.

Futterpläne

Welche Rationen braucht ein Pferd am Tag?

Das richtige Maß für Rationen zu finden, hängt von vielen Punkten ab: Welche Rasse? Wieviel Arbeit? Lieben Sie sportliches Reiten oder gemütliche Schrittausritte? All das wirkt sich auf die Fütterung aus. Die Futterpläne unten gelten als grober Rahmen für ähnliche Bedingungen. Informieren Sie sich auch auf den Seiten 15 – 17, 24 und 38/39 über die Voraussetzungen für Ihr Pferd.

„Nixie", Haflinger Stute

420 kg schwer, 5 x pro Woche 1 Stunde gemütliches Schrittreiten im Gelände.
Das kleine Haflingermädchen lässt sich kaum aus der Ruhe bringen. Neben Raufutter braucht die coole Nixie nur wenig Kraftfutter, sonst nimmt sie zu.
Ihr Haflinger-Freund **„Nappo"** (ebenfalls 420 kg schwer, täglich 1 Stunde reiten) würde bei dieser Ration abmagern. Er verbraucht als Zappelphilipp mehr Energie. Pro Tag benötigt er bei leichter Arbeit etwa 2 kg Kraftfutter. Er bekommt eiweißarme Sorten; die Hälfte des Kraftfutters oft als gequollene Rübenschnitzel. Weidegras, Heu und Stroh wie Nixie.

Futterplan für Nixie	
Weidegras:	8 – 10 kg
Heu:	3,0 kg
Weizenstroh:	1,0 kg
Vollwert-Müslifutter	1,0 kg
Mineralien, Salzleckstein	

Futterplan für Ole	
Heu:	4,0 kg
Weizenstroh:	1,0 kg
Müslifutter:	0,8 kg
Trockenschnitzel:	0,2 kg
Mineralfutter, Salzleckstein	

„Ole", Fjordpferd-Wallach

400 kg schwer, 1 Stunde Geländereiten.
Robuste Norweger Pferde wie Ole brauchen (wie auch Isländer und Shettys) bis zu 20 % weniger Futter als andere Ponys mit gleichem Gewicht. Für Oles leichte Arbeit hat sich nebenstehende Ration bewährt.

„Sally", Warmblut-Stute

550 kg schwer, 1 – 2 Stunden Reithalle, Gelände, manchmal kleine Sprünge.
Wegen ihres ausgeglichenen Temperaments und ihrer normalen Futterverwertung braucht die Holsteiner Stute übliche Futtermengen für ein Pferd ihrer Größe. Sallys tägliche Arbeit kann man als leicht einstufen.

Futterplan für Sally	
Heu:	5,0 kg
Weizenstroh:	1,5 kg
Hafer:	2,0 kg
Vollwert-Pellets:	1,5 kg
Möhren:	2,0 kg
Mineralfutter, Salzleckstein	

„Magic", Friesen-Wallach

580 kg schwer, 2 Stunden Dressur in der Reithalle, oder je eine Stunde Halle und Gelände.
Der Friese Magic ist ein ruhiger Vertreter, bedächtig und unaufgeregt. Sein Futterzustand: perfekt. Die Rinne auf der Kruppe ist kein Zeichen für Übergewicht, sondern rassetypisch für Friesen. Magics Futterplan für leichte bis mittlere Arbeit ist schnell zusammengestellt.

Futterplan für Magic	
Heu:	6,0 kg
Stroh aus der Einstreu:	1,0 kg
Vollwert-Pellets:	4,0 kg
Möhren:	2,0 kg
Salzleckstein	

Futterplan für Popcorn	
Heu:	3,0 kg
Stroh:	1,0 kg
Müslifutter	1,0 kg
Vollwert-Pellets:	0,75 kg
Salzleckstein	
Mineralien	

„Popcorn", Deutsches Reitpony

260 kg schwer, 2 Stunden Dressur, Springen, gelegentlich Turnierteilnahme.
Das zierliche Pony leistet leichte bis mittlere Arbeit und braucht für seine Größe und sein Gewicht relativ viel Futter. Rassige Reitponys sind bei der Fütterung nicht mit Robustponys zu vergleichen.

„Amigo", Andalusier-Wallach

480 kg schwer, 2 1/2 – 3 Stunden Training für Distanzritte.
Der nervige Andalusier ist ausgesprochen arbeitswillig. Das Training (mittlere bis schwere Arbeit) schafft er gut. Zum Fitbleiben braucht Amigo reichhaltige Nahrung. Sein Futterplan wurde mehrfach geändert, bis er in dieser Form offensichtlich optimal ist.

Futterplan für Amigo	
Heu:	6,0 kg
Sportpferde-Mixfutter:	2,5 kg
Hafer:	2,0 kg
Maisflakes:	1,0 kg
Pflanzenöl:	3,0 EL
Mineralien, Salzleckstein	

Futterplan für Turbo	
Heu:	6,0 kg
Heulage:	2,0 kg
Vollwert-Pellets:	1,5 kg
Mineralfutter, Salzleckstein	

„Turbo", Warmblut-Wallach

600 kg, Stehfutter (Erhaltungsbedarf).
Der Hannoveraner Turbo steht als Beispiel für Großpferde (500 – 600 kg schwer), die verletzt oder krank sind und vorübergehend nicht bewegt werden. Bei Verdauungs-Krankheiten wie Kolik, Hufrehe, Kreuzverschlag u. Ä. sowie bei längerem Stehen entfällt das Kraftfutter eventuell ganz – Tierarzt fragen!

Hintergrund-Wissen
Was man vielleicht nicht weiß, aber wissen sollte Wer kann schon das gesamte Pferdefutter selbst aussuchen? In der Praxis sieht es so aus, dass die Stallbesitzer Heu, Stroh und Kraftfutter stellen. Das heißt zum Beispiel: Erntet der Boxen-Vermieter Hafer von eigenen Feldern, verfüttert er dieses Getreide selbstverständlich und kauft keine Pellets.
Auch Haltergemeinschaften sind nicht frei. Sie müssen sich nach Lager- und Liefermöglichkeiten richten und nach den Wünschen der Mehrheit.

Mischkunst Kurz: Nicht immer lässt sich der Futterplan so zusammenstellen, wie man möchte. Nur wenige Futtermittel kann man in handlichen Portionen kaufen und aufbewahren wie Mineralfutter, Öl, Leinkuchen. Aber für mehrere 20-kg-Kraftfuttersäcke fehlt es oft an luftigen, trockenen Lagerräumen.

Auch wenn das Tier vom Stallbesitzer versorgt wird, braucht der Eigentümer des Pferdes ein Grundwissen über gesundes Füttern.

Sieben häufige Fragen
Tipps zu Futterrationen – so vereinfacht wie möglich. Der Nährwert der Futtermittel steht jeweils beim Kapitel.

1. Energie- und Eiweißbedarf?
Alle Werte gelten pro Tag.

300 kg schweres Reitpony
Ohne Arbeit/Erhaltungsbedarf: 43 MJ, 216 g Eiweiß. Leichte Arbeit: 43 – 54 MJ, 215 – 270 g Eiweiß. Mittlere Arbeit: 54 – 65 MJ, 270 – 325 g Eiweiß.

400 kg schweres Pferd
Ohne Arbeit/Erhaltungsbedarf: 54 MJ, 268 g Eiweiß. Leichte Arbeit: 54 – 67 MJ, 270 – 335 g Eiweiß. Mittlere Arbeit: 67 – 81 MJ, 335 – 405 g Eiweiß. Island- und Fjordpferde benötigen bis zu 20 % weniger Futter, manche noch weniger.

600 kg schweres Großpferd
Ohne Arbeit/Erhaltungsbedarf: 74 MJ, 363 g Eiweiß. Leichte Arbeit: 73 – 91 MJ, 365 – 455 g Eiweiß. Mittlere Arbeit: 91 – 109 MJ, 455 – 545 g Eiweiß.

2. Zu viel Eiweiß im Futter?
Man schafft es kaum, die niedrigen Eiweißgrenzen einzuhalten. Das meiste Futter hat mehr Eiweiß als einem lieb ist, besonders junges Weidegras, auch Heu, Silage, Luzerne, Hafer. Pferde vertragen höhere Mengen eine Zeit lang, aber nicht ständig. Wenig gerittene

Pferde bekommen keine unnötigen Eiweißbomben wie Brot und Weizenkleie. Bei empfindlichen Tieren löst zu viel Eiweiß Nesselfieber aus.

3. Calcium und Phosphor?
Nicht nur die Mineralien müssen stimmen, sondern auch das Verhältnis von Calcium zu Phosphor (Ca:P). Gut ist ein Ca:P-Verhältnis von 3:1 bis 1:1. Anhaltspunkt: Bei reiner Heu-Hafer-Fütterung ist das Ca:P-Verhältnis immer schlecht, das muss mit Mineralfutter ausgeglichen werden. Bei fertigem Mischfutter (Pellets, Müsli-Mix) ist das Verhältnis in der Regel gut, genaue Angaben stehen auf den Säcken.

4. Wieviel Futter auf einmal?
Ein Großpferd von 500 – 600 kg sollte pro Mahlzeit höchstens 2 – 2,5 kg Kraftfutter auf einmal bekommen.

5. Zu lange Pausen?
Langer Abstand zwischen den Mahlzeiten macht jedes Pferd zum Gierkopf. Schlingt es das ungeduldig erwartete Futter hastig herunter, sind Schlundverstopfungen und Koliken abzusehen. Tagsüber soll ständig Knabberstroh in der Box liegen.
Muss Ihr Pferd auf einer Einstreu aus Spänen stehen? Dann legen Sie ihm mehrmals täglich Raufutter vor (oder organisieren Sie das). Nicht nur wegen der Beschäftigung, sondern auch,

damit Kraftfutter den Magen nicht unvorbereitet trifft.

6. Wie viele Mahlzeiten?
Wenig Kraftfutter kann man auf zwei Mahlzeiten am Tag verteilen, größere Mengen (ab 4 kg bei Großpferden) auf mindestens drei. Pferde im schweren Training bekommen die Kraftfutter-Ration an vier Terminen. Raufutter auf, zwei, besser auf drei Portionen verteilen; abends gibt es die größte.

7. Reicht die Kauzeit?
Pferde sollten etwa fünf Stunden täglich kauen, damit Magen und Darm fit bleiben. Das funktioniert im Stall nur mit Raufutter (Futter-Fressdauer S. 16).

Vollwert-Pellets, Möhren und Äpfel in einer Schüssel – sieht malerisch aus, sollte aber nicht auf einmal verfüttet werden, sondern lieber nacheinander. Sonst zerkauen Pferde die einzelnen Futterteile nicht richtig.

Trinken ist lebenswichtig:

Wasser *marsch!*

Klarer Fall: Wasser ist in erster Linie zum Trinken da. Das kühle Nass spült festes Futter zügig weiter und macht Trockenkost wie Heu und Stroh erst verträglich. Aber Wasser ist auch zum Spielen wichtig. Im Idealfall haben Pferde Gewässer für den Wassergenuss von innen und außen.

Flüssigkeit *gehört* zum Füttern

Tränken wird oft vernachlässigt. Dabei ist Wasser lebenswichtig für die gesunde Ernährung. Fehlt Flüssigkeit, klumpt sich Futter im Magen und Darm zusammen. Hält der Wassermangel an, ist die Kolik vorprogrammiert.

Gegen Überhitzung
Wasser verhindet auch die Überhitzung des Pferdekörpers bei Hitze und bei schweißtreibender Arbeit. Versäumt man das Tränken, droht sogar ein Kreislaufkollaps.

Wieviel Wasser pro Tag?
Das hängt von einigen Punkten ab, nämlich: Pferdegewicht, Arbeitsleistung, Futterart, Temperatur. Bei normalem Wetter und leichter Arbeit gilt die Regel: Pferde brauchen 5 – 10 Liter Wasser pro 100 kg Körpergewicht. Ein Großpferd benötigt also rund 30 – 50 Liter am Tag, ein Reitpony 15 – 30 Liter. Die unteren Grenzen gelten bei Weidegang, die oberen bei Stallhaltung und bei größerer Wärme.

Heu frisst Wasser
Je trockener das Futter, desto reichlicher müssen Pferde trinken. Sehr trocken sind beispielsweise Heu, Stroh, Hafer, Pellets, Müslifutter, Kleie. Dagegen bringen Möhren, Äpfel, Rüben, Rote Beete und gequollene Rübenschnitzel viel Wasser ins Pferd, es darf logischerweise weniger trinken. Auch Weidegänger haben selten großen Durst. Kein Wunder, denn Gras enthält rund 80 Prozent Wasser.

Nicht zu warm und nicht zu kalt: Pferde lieben Wasser um 10 – 12 Grad.

Seepferdchen: Planschen macht Pferde froh. Wenn sie dabei noch mit geschürzten Lippen ein wenig gründeln können, umso besser.

Natürliche Gewässer

Ein kleiner Teich auf der Weide zieht Pferde magisch an. Nicht unbedingt wegen des Durstes, sondern weil man darin so schön planschen, spritzen und spielen kann. Selbstverständlich nehmen Pferde auch mal einen Schluck aus den Gewässern, schon weil sie so gern mit gesenktem Kopf schlabbern, was bei den hochangeschraubten Automatik-Tränken nicht möglich ist.

Wie steht's um die Qualität?

Näheres über Wasserqualität und Labortests erfahren Sie beim Wasserwirtschaftsamt. Grob können Sie auch selber einschätzen, ob das Wasser belastet ist – wenn z. B. Bäche Zulauf haben, die durch Gülle, Dünger oder Spritzmittel von Nachbaräckern belastet sind. Reich an Keimen sind ziemlich sicher alle mit Algen überzogene Wasserflächen – nicht als Trinkwasser zu empfehlen.

Glatteis auf dem Teich

Bei Frost müssen alle Alarmglocken läuten, wenn auf der Winterweide ein See liegt. Die zugefrorene Fläche lockt, neugierig trauen die Pferde sich aufs Eis. Jedes Jahr brechen Pferde auf dünnen Eisdecken ein und sterben an Unterkühlung oder Erschöpfung. Bei Frost sorgt man für ausreichendes, offenes Trinkwasser und sperrt Gewässer weiträumig ab.

Wie oft tränken?

Wer im Stall mit dem Eimer tränkt, sollte das zur Fütterzeit erledigen, das ist normalerweise dreimal täglich. Bei kühlem Wetter reicht zur Not zweimal. Für Mutterstuten mit Fohlen gelten andere Gesetze, die brauchen sehr viel Flüssigkeit. Ebenso Pferde mit Durchfall oder schwitzende Vierbeiner. Bei Wärme oder in stickigen Ställen sollte man häufiger tränken.

Herrscht Wassermangel?

Warnzeichen: Bei Wassermangel stellen Pferde das Fressen ein. Heu, Hafer und Pellets bleiben unberührt liegen. Das Pferd steht teilnahmslos in der Ecke, die Pferdeäpfel sehen klein und hart aus. Tränke kontrollieren! Zugefroren? Verschmutzt? Ist die Metallzunge zum Herunterdrücken eingeklemmt?

Kalt oder warm?

Ideal ist Trinkwasser um 10 – 12 Grad. Plötzlicher Wechsel auf Eiswasser ist riskant. Nach Gewöhnung auf der Winterweide vertragen Pferde aber kaltes Wasser. Ausnahme: Ältere Pferde, die sowieso zu wenig trinken, bevorzugen oft angewärmtes Wasser oder warmen Kräutertee im Trinkwasser.
Servieren Sie das Wasser immer frisch. Nicht stundenlang im Stall abstehen lassen. Dabei nimmt es den Stalldunst an und das schätzen unsere Viebeiner nicht.

Gleich nach einem anstrengenden Vielseitigkeitsturnier sollten Pferde keine Riesenmengen kaltes Wasser herunterstürzen. Dagegen ist es sofort erlaubt, langsam einige Liter zu schlürfen. Danach ständig steigern.

Trinken nach der Arbeit

Früher hieß es: Um Gottes willen nie sofort nach Turnieren Wasser geben. Heute mildern Ernährungsfachleute das ab. Verboten ist nach wie vor das gierige Saufen eiskalter Wassermengen direkt nach schweißtreibender Arbeit. Sonst streikt die Verdauung, es kann zu Krampfkoliken kommen. Erlaubt sind kleine Mengen nach und nach. Alte Stallmeister wussten, wie man das sinnig macht: Heu über einen Eimer legen. Mit dieser Sperre geht das Schlürfen langsamer. Oder man lässt die Trense im Maul. 2 – 3 Liter sind gleich erlaubt, danach etwas warten und den Eimer erneut hinstellen.

Wichtig Ⓦ

Ersatz für Wasser nach Anstrengungen
Flüssigkeit bekommen Tiere nicht nur durch Trinkwasser, sondern auch über Umwege: Gehen Sie z. B. mit Ihrem Pferd nach einer großen Anstrengung eine halbe Stunde zur Entspannung grasen. Gras enhält viel Wasser. Sie können ihm auch eine Kleinigkeit dünnflüssiges, gesalzenes Mash geben.

Wie steht es mit der Sauberkeit?

○ **Pferdeäpfel in der Tränke?**
Passiert bei Boxenpferden nicht selten. Sorgfältig entfernen, auch unter der Metallzunge wischen.

○ **Futterreste im Becken?**
Heu wickelt sich um den Zulauf in der Tränke, die Halme zersetzen sich, verbreiten Krankheitskeime.

○ **Schwalbennester im Stall?**
Vogelkot, der in die Tränke fällt, muss schleunigst beseitigt werden – Salmonellengefahr! Es hilft, ein kleines Brett an die Wand unters Nest zu schrauben.

○ **Wasserkübel im Freien?**
Täglich säubern, Algen lagern sich ab. Eventuell Leichengift durch tote Vögel? Wasser wegkippen, Behälter innen penibel putzen.

Rund um die *Tränke*

Badewannen dürfen nicht mit der langen Seite in die Weide ragen – Stolpergefahr! Am besten steht eine Wanne quer zum Zaun. In weißen Wannen entdeckt man Verunreinigungen sofort, das erinnert ans nötige Ausbürsten. Bei schwarzen Mörtelbottichen sieht man Ablagerungen kaum. Trotzdem täglich von innen säubern!
Für größere Herden lohnen sich Wasserfässer auf Rädern, an die man Selbsttränken anschließt.
Gibt es keine frostsichere Tränke auf der Koppel, sondern offene Behälter, kontrolliert man im Winter täglich den Wasservorrat. Heißes Wasser in Kanistern mitbringen, über das Eis gießen. Wasser friert nicht so schnell zu, wenn Holzstücke darin schwimmen.

Wasserfässer auf Rädern lassen sich zum erneuten Füllen einfach mit dem Traktor zum nächsten Wasseranschluss ziehen.

*Tränkebecken auf der Weide müssen regel-
mäßig von Schmutz gereinigt werden.*

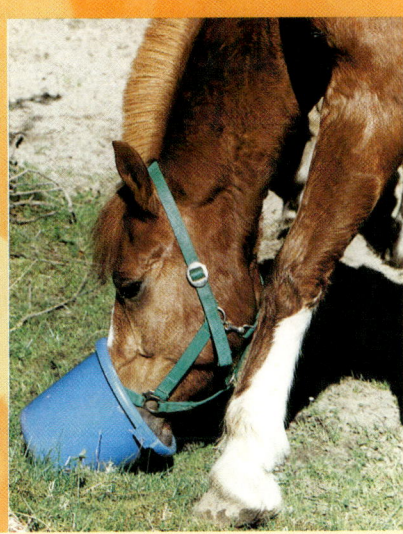

*Auch aus dem kleinsten Eimer trinken Pferde
lieber als aus zu hoch angebrachten Tränken.*

Automatiktränken

Im Stall garantieren Automatik-Tränken, dass Pferde jederzeit ihren Durst
löschen können, an heißen Tagen wol-
len sie das gern jede halbe Stunde.
Tränken baut man so weit wie möglich
von der Krippe entfernt an, am besten
in die Wandecke gegenüber dem Trog.
Sonst machen Pferde sich das Fressen
zu bequem: Sie tunken Heu und Stroh
ins Wasser. Dadurch kauen sie weniger
lange , es bildet sich nicht so viel Speichel; das behindert die Verdauung.

In welcher Höhe?

Pferde saufen in der Natur mit gesenktem Kopf. In einer Box kann man das
Wasserbecken aber nicht direkt über
den Fußboden anbauen, weil Pferde
hineintreten und sich verletzen würden. Doch je höher die Tränke liegt,
desto ungünstiger werden Kopf und

Speiseröhre geknickt. Faustregel: Für
Großpferde liegt die akzeptable Höhe
der Tränke bei 1,10 m, für Ponys je nach
Größe zwischen 60 und 90 cm.
Stellen Sie Ihrem Pferd ab und zu einen
vollen Eimer Wasser vor die Hufe. Es
wird grunzend vor Freude annehmen.
Die meisten Pferde lieben es, ihr Maul
beim Trinken so richtig einzutauchen.

Tipp **T**

Wichtig bei Stallwechsel

Wenn Ihr Pferd nur Eimer kannte und nun in einen Stall
mit Automatiktränken umzieht, kann es sich nicht sofort umstellen. Manche Pferde scheuen anfangs davor
zurück, die Metallzunge herunterzudrücken, besonders bei schwergängigen Modellen. Machen Sie das
Niederdrücken mehrmals mit der Hand vor, spielen Sie
mit dem Wasser in der Tränke. Ermöglichen Sie Ihrem
Pferd, einem Boxennachbarn beim Trinken zuzusehen.

Schnell erkennen und lösen:

Fress-**Probleme**

*Für jede Gesundheitsstörung gibt es viele Gründe.
Außer ungünstiger Haltung und Krankheit sind
oft Fehler bei der Fütterung oder mangelhaftes
Futter schuld. Nimmt Ihr Pferd ab? Verhält es sich
anders als sonst? Verändern sich Fell und Hufe?
Forschen Sie auch bei Heu, Hafer & Co. nach!*

Magen-Darm-
Störungen

Der Verdauungstrakt von Pferden sieht
vor, dass rund 15 Stunden am Tag unaufhörlich karges Futter eingefahren
wird. Im Stall geht das nur begrenzt.
Kein Wunder, dass Magen und Darm
unserer Pferde häufig rebellieren.

Kolik

Außer Stress und Wetterwechsel gibt
es kaum andere Ursachen für Koliken
als Fütterungsfehler. Bauchschmerzen
beim Pferd spitzen sich rasch drama-
tisch zu. Immer den Tierarzt holen!

Anzeichen

Das Pferd flehmt oder gähnt häufig,
scharrt mit den Vorderhufen, stellt die
Beine weit auseinander, schwitzt,
guckt sich immer wieder zum Bauch
um. Allerhöchste Zeit, den
Tierarzt zu rufen, wenn
das Pferd sich mehr-
mals hinwirft, gleich
wieder aufsteht,
sich wälzt oder sich
gar auf den Rücken dreht.

*Bei Verstopfungskoliken
liegt das Pferd auffällig
oft, guckt sich häufig nach
einer Seite um.*

Verstopfungskolik

Dabei verklumpt Futter in einem Darm-
abschnitt und verursacht Schmerzen.
Hastiges Fressen und geringes Kauen
(z. B. wegen Zahnschäden) begünstigen Koliken. Eine Verstopfung baut sich
allmählich auf, kann aber von aufmerk-
samen Besitzern früh erkannt werden.
Dickdarmanschoppung kündigt sich
dadurch an, dass Pferde viel liegen und
sich nach einer Seite umdrehen. Senio-
ren sind oft betroffen, außerdem Tiere,
die Unmengen Stroh vertilgen, gleichzeitig aber wenig Bewegung haben.

Nach einer Kolik verordnet der Tierarzt als erstes Genesungsfutter in der Regel gutes Heu, damit der Darm wieder arbeitet.

Wo lauern noch Gefahren?

○ **Zu viel Kraftfutter auf einmal?** Großpferden schüttet man maximal 2 − 2,5 kg Kraftfutter pro Mahlzeit in die Krippe, sonst droht Magenüberladung.

○ **Training direkt nach dem Füttern?** Nach großen Mahlzeiten brauchen Pferde eine Stunde Ruhe.

○ **Viel Erde gefressen?** Reißen Pferde Gras mit Wurzeln und Bodenresten aus und fressen alles, lagert sich die Erde im Darm ab – Gefahr der Sandkolik.

○ **Wassermangel?** Wenn Trinkwasser fehlt, stellen Pferde zwar irgendwann das Fressen ein, aber bis dahin kann schon Raufutter den Darm verstopfen. Automatik-Tränken täglich überprüfen!

dem bereits winzige Mengen von gemähtem Gras, wenn es angehäuft wurde und sich dabei erhitzte.

Schimmel, Fäulnis, Frost Extrem gefährlich ist Schimmel, und zwar in jeder Form. Seien Sie nicht zimperlich beim Wegwerfen von befallenem Futter wie Heu und Stroh, Heulage, Silage, bei Getreidekörnern und Mischfutter, Möhren, Äpfeln, Rüben, Brot.
Hände weg von angefrorenem Futter; auf gefrorene Silage und Möhren reagiert der Pferdedarm besonders heftig mit Kolik und Durchfall.

Andere Koliken

Bedrohlich sind Magen-Darm-Krankheiten, die durch Fehlgärungen entstehen. Schuld ist das Futter. Die wichtigsten Ursachen: plötzlicher, abrupter Futterwechsel, zu große Mengen von jungem Gras, Klee, Äpfeln, Brot, außer-

Der Dreck muss weg Möhren und Rüben darf man nicht nach dem Motto in den Trog werfen: „Sand reinigt den Magen." Im Gegenteil: er schadet! Erdklumpen beschweren den Darm ungleichmäßig, können gar eine Darmdrehung auslösen. Sand und Erde immer gut abwaschen!

Faule oder schimmelige Äpfel können ein Pferd schwer krank machen.

Wer die Weide säubert, ist ein echter Pferde-freund – dem Tier wird starker Wurmbefall erspart und das Gras bleibt appetitlich.

Würmer

Kann man man bei Ihrem Pferd mühe-los die Rippen zählen, obwohl es genug Futter erhält? Nimmt es auch bei einer Zusatzration Heu und Hafer nicht zu? Wirkt es matt, lustlos, hat kaum Appe-tit, leidet ab und zu unter leichten Koli-ken und Durchfall?

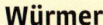 **Gefährliche Räuber** Dann rauben wahrscheinlich Würmer Ihrem Pferd die Nährstoffe. Die Parasiten darf man nicht als unabwendbares Schicksal hin-nehmen. Sie machen Pferde krank, im Extremfall können sie ein Pferd sogar umbringen, denn Wurmlarven in Mas-sen lösen Blutgerinnsel aus. Wurmeier in Pferdeäpfeln verseuchen Box und Weide. Beim Fressen nehmen Pferde die Eier auf, im Körper entwi-ckeln sich Larven und Würmer.

Hygiene Im Kampf gegen das Heer der Würmer gibt es zwei Waffen. Die eine heißt: Hygiene. Sauberkeit hilft ent-scheidend gegen Würmer. Im Stall sammelt man mehrmals am Tag die

Pferdeäpfel ab und erneuert häufig die Einstreu. Auf der Koppel befreit man das Gras mindestens zweimal in der Woche von Kothaufen.

Wurmkur Vergessen Sie Hausmittel gegen Würmer. Es hat auch wenig Sinn, dem abgemagerten Pferd laufend mehr Futter in den Trog zu schütten. Nur starke Wirkstoffe haben eine Chance, es mit den Würmern aufzunehmen. Regelmäßige Wurmkuren gehören unbedingt zur Pferdepflege. Tierärzte raten überwiegend zu drei bis vier Wurmkuren im Jahr: vor dem Weideaustrieb im März , dann im Som-mer, nach der Weidesaison im Herbst und zum vierten Mal im Winter. Wenn Sie die Wurmpaste selbst besor-gen und verabreichen, sollten Sie den Wirkstoff häufig wechseln. Immer mehr Würmer werden gegen bestimm-te Präparate resistent. Tierärzte wis-sen darüber Bescheid.

Der Pferdeäpfel-Haufen links stammt von einem gesunden Weidepferd, das regelmäßig entwurmt wird. Die dunkle Farbe ist bei Koppelpferden normal.

C Check

Tödlich: Eiben sind besonders gefährlich, weil man sie sehr leicht mit Fichten verwechselt.

Welche Pflanzen sind giftig?

○ Eibe (ein Zweig kann ein Pferd töten)

○ Eichenrinde, Eicheln, Herbstzeitlose, Holunder, Lebensbaum, Liguster, Lilie, Pfaffenhütchen, Robinie, Zypresse (Kolik, Blutdurchfälle, Lähmungen)

○ Buchsbaum, Ginster, Stechapfel, Tollkirsche, Seidelbast (Lähmungen verschiedener Art)

○ Adlerfarn, Kreuzkraut (Bewusstseinsstörung, unsicherer Gang)

○ Adonisröschen, Fingerhut, Goldregen (Atemlähmung bzw. Herzstörungen)

schwerden, Hautveränderungen oder Lähmungen, muss sofort der Tierarzt her. Was Pferden gefährlich werden kann, lesen Sie im Kasten links.

Unterwandertes Heu Gelben Hahnenfuß (Butterblume) und Adlerfarn fressen Pferde auf der Weide selten, aber angetrocknet im Heu doch. Diese unverträglichen Pflanzen machen aus Pferdeäpfeln matschige Kuhfladen.

Durchfall

▸ **Gift** Gefährliche Pflanzen sind meistens schuld, wenn Pferde nach dem Weidegang oder nach einem Ausritt mit Knabbererlaubnis von Durchfall geplagt werden. Kommen dazu noch andere Symptome wie Kolik oder Atembe-

▸ **Silage** Die meisten Pferde vertragen gute Heulage und Silage. Nur wenige reagieren darauf mit Durchfall – dann muss man bei Heu bleiben. Fragen Sie unbedingt nach dem Trockengehalt der Silage, wenn Ihr Pferd in einem Kuhstall steht. Feuchte Rinder-Grassilage ist nichts für Pferde, sie verursacht heftige Durchfälle. Anwelksilage ist möglich (über 35 % Trockensubstanz). Sonst weicht man auf Heu aus. Jede Art verdorbener Silage löst Durchfall aus.

T Tipp

Wann Sie nach dem Füttern reiten dürfen
Intensives Reiten direkt nach dem Fressen stört die Pferde-Verdauung. Eine Stunde nach dem Füttern warten! Ist schweres Training geplant, wartet man sogar bis zu zwei Stunden. Füttern Sie auch nicht direkt nach anstrengender Arbeit. Das Pferd muss erst verschnaufen.

Durchfall durch zu viel junges Gras lässt sich vermeiden, wenn die Weide vor dem Grasen gemäht wird und wenn der Besuch auf der Koppel zunächst stark eingeschränkt wird.

Weide Im Frühjahr bleibt kaum ein Vierbeiner von Durchfall verschont. Das erste Gras nach monatelanger Enthaltsamkeit lässt die Verdauung verrückt spielen. Die beste Vorbeugung: langsam angrasen (S. 10/11). Später im Sommer ist zu viel Weißklee oft der Grund für Weidedurchfall. Begrenzen Sie die Kleestellen, denn Klee begünstigt auch Hufrehe.

Säureangriff Mit großen Mengen Äpfeln auf einmal werden die fein abgestimmten Verdauungssäfte nicht fertig. Der Angriff von Säure plus Saft legt den Darm lahm. Durchfall ist die mildeste Folge, oft gibt es eine Kolik.

Salzattacke Unerklärlicher Durchfall kann auch von Salzüberschuss kommen. Wo liegt der Leckstein? Etwa im Trog? Das ist eine schlechte Lösung. Eine einzige warme Mash-Mahlzeit löst das Salz und stellt die Verdauung auf „Durchmarsch". Lecksteine gehören in Halterungen an die Wand, unerreichbar für Fohlen. Für den Nachwuchs wird Durchfall rasch lebensbedrohlich.

Würmer und Salmonellen Ursachen dafür sind verdorbenes Futter, verunreinigte Weiden oder schlechtes Trinkwasser aus Teichen und Tümpeln. Durchfall durch Würmer lässt sich durch regelmäßige Wurmkuren aus der Welt schaffen. Salmonellen-Erkrankungen muss der Tierarzt behandeln.

Erste Hilfe Stress, Aufregung und Anstrengungen bringen Durchfall-Patienten noch mehr herunter. Ruhe ist nötig. Um den Darm zu besänftigen, haben sich gekochte Leinsamen und lauwarmes Mash bewährt, dazu gutes Heu. Durchfall-Pferde sollen reichlich trinken. Manchmal klappt es mit einem Eimer besser als mit der Tränke. Kreislauf genau beobachten – schon nach einem Krankheitstag macht manches Pferd schlapp und ist ein Fall für den Tierarzt. Bei wässrigem Durchfall und Fieber muss er sofort kommen.

Wichtig **W**

Futterwechsel durch Einschleichen
Darmbakterien stellen sich nur langsam auf neues Futter ein. Mischen Sie bei teilweisem Futterwechsel die neue Sorte 3 – 5 Tage unter, bei völliger Futterumstellung 10 – 14 Tage. Stellen Sie auf Pellets um? Achten Sie auf Durchfall, den die enthaltene Melasse auslösen kann.

Schlundverstopfung

Ganz plötzlich streckt das Pferd beim Fressen den Kopf nach vorne, würgt, scharrt aufgeregt mit den Hufen und schwitzt. Manchmal quellen Speichel und Futterreste aus den Nüstern. Bei diesen ersten Alarmzeichen erkennt auch ein Laie: In der Speiseröhre sitzt etwas quer.

▶ **Ersticken droht** Pferde mit Schlundverstopfung werden in Phase zwei still und teilnahmslos. Auffallend sind dann nur noch der angstvolle Blick und der vorgestreckte Hals. Ein Pferd kann nicht erbrechen und droht an dem festsitzenden Futter zu ersticken.

▶ **Schnell reagieren** Wichtigste Maßnahme: Sofort Tränke leeren und abstellen. Futter wegräumen. Es darf nichts mehr ins Maul gelangen, sonst läuft die Speiseröhre über und Futterreste dringen in die Lunge ein. Das

Pferd darf nicht bewegt werden, bis der Tierarzt kommt (Notfall!). Mit Hilfe einer Nasenschlundsonde beseitigt er den Engpass.
Wenn keine Hilfe in Sicht ist, versucht man ganz behutsam, den Muskelkrampf der Speiseröhre zu lockern. Massieren Sie die linke Halsseite äußerst sanft Richtung Kopf. Wehrt das Pferd ab, hören Sie sofort auf.

Wie entsteht eine Verstopfung?

Ursachen dafür gibt es mehrere. Einmal ungünstiges Futter wie in Scheiben geschnittene Möhren, ganze kleine Äpfel, Brotstücke. Oder eine Mischung aus Futter, das unterschiedlich gründlich gekaut werden muss. Besonders gefährlich ist es, Heucobs mit Pellets oder Äpfeln und Möhren zusammen in den Trog zu geben. Dann werden die Cobs in großen Brocken geschluckt und können stecken bleiben. Auch trockene Rübenschnitzel, die nicht gründlich über Nacht eingeweicht wurden, lösen extreme Engpässe aus. Die gepressten Schnitzel quellen im Schlund auf und setzen die Speiseröhre zu.

▶ **Vorbeugung** Schlundverstopfungen gibt es, wenn Pferde gierig fressen. Im Stall passiert das oft, wenn sie auf Spänen stehen, kein Stroh zur Beschäftigung haben und ihr Kraftfutter ungeduldig erwarten. Oder auch, wenn die Fresszeiten zu weit auseinander liegen. Halten Sie die gewohnten

W *Wichtig*

Magengeschwüre – warum sie entstehen

Pferde erzeugen ständig Magensäure, um jederzeit Futter zerlegen zu können. Kommt aber keins, wird der Magen selbst angegriffen. Auf die Dauer bekommen Pferde ohne ausreichende Kautätigkeit Magengeschwüre (die können auch durch Überforderung entstehen). Erkennungszeichen für ein Geschwür: Speichelfluss und häufiges leer kauen. Der beste Schutz: reichlich Raufutter. Kraftfutter auf viele Mahlzeiten verteilen, Ruhe zur Fütterungszeit.

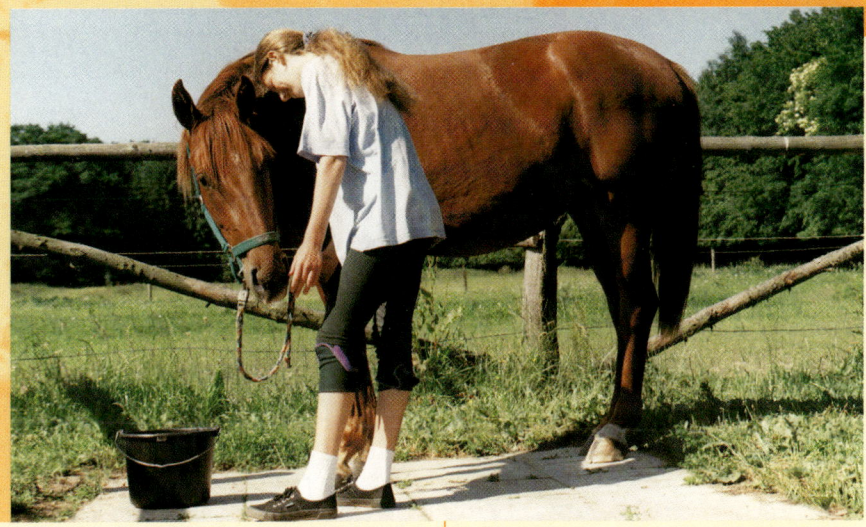

Ein Platz vor dem Weidezaun, weit ab von neidischen Artgenossen: So genießt das Pferd sein Kraftfutter ohne zu schlingen.

Fütterungszeiten ein. Pferde stellen sich darauf ein! Auch auf der Weide gibt es Schlundverstopfungen, z. B. wenn man ausgehungerte Pferde auf abgegrasten Koppeln mit Pellets füttert. Man gibt erst Raufutter bzw. Cobs, danach Kraftfutter. Schauen Sie Ihrem Pferd auch mal ins Maul. Zwischen Lade und Oberkiefer können Sie die Zunge packen, ohne gebissen zu werden. Bei Zahnhaken wird das Futter nicht klein gekaut und setzt sich beim Abschlucken fest. Etwas Ähnliches passiert alten Pferden mit glattem Gebiss.

Futterneid
„Selber fressen macht fett" ist das Motto vieler Pferde, sobald ihnen etwas Essbares ins Auge fällt. Keine Spur von Mitleid für den Kumpel, der nichts abbekommt. Da geht es streng nach Rangordnung.

Klarer Fall: Wo geschubst und gestoßen wird, kann kein Pferd ungestört fressen. Sorgen Sie dafür, dass zur Fresszeit Ruhe herrscht. Aufregung und Lärm auf der Stallgasse stören fressende Pferde ungemein. Ehrensache: Man putzt kein Pferd, das gerade sein sehnlich erwartetes Kraftfutter verdrückt.

Tipp

Kniffe gegen Eifersucht
Alle Pferde zur selben Zeit füttern. Zusätze wie Öl und Mineralien vorher bereitstellen, damit es zügig geht. Leittier zuerst versorgen. Auf der Weide mehrere Futterplätze einrichten. Keinem einzelnen Pferd zwischendurch etwas zustecken.

Fenster zum Hof: Für Patienten mit Sommer-Ekzem und Sonnenallergie ist der dunkle Stall tagsüber meist angenehmer als Grasen unter freiem Himmel.

Fell- und Hautprobleme

Das Fell sieht struppig und matt aus – ist das immer ein Grund zur Sorge? Nein. Weidepferde zum Beispiel dürfen ruhig an Struwwelpeter erinnern. Nach einem Bad im Schlamm kann schließlich kein Vierbeiner aussehen wie geleckt. Das Fell muss Regen und Insekten trotzen, darf also gar nicht fein gestriegelt und gebürstet sein.

Ohne Glanz Mattes Fell ist bei Schimmeln normal, denn die Farbe ist eine vorzeitige Vergreisung der Haare. Auch Winterfell sieht glanzloser aus als Sommerfell. Wichtig: Verliert Ihr Pferd sein langes, struppiges Winterfell auch im Sommer nicht und schwitzt stark, kann eine Hormonstörung dahinter stecken, Cushing genannt.

Kahle Stellen Rund um die Augen sieht man manchmal kahle Stellen. Solche Flecken findet man oft bei Pferden, die auf Weiden mit Mineral-Mangel stehen (z. B. Zink). Oft hilft Mineralfutter. Ein Bluttest bringt Klarheit.

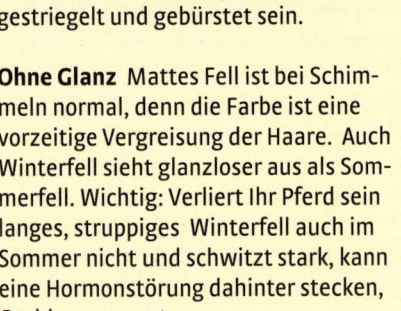

(T) Tipp

So kommt Glanz ins Fell
Dieses Futter lässt Pferdehaar glänzen: Leinöl oder anderes Pflanzenöl, Maisflocken, Leinsamen, Leinkuchen, Mash. Schuld an stumpfem, struppigem Fell kann auch ein Mangel an Mineralien und Vitaminen sein, vor allem Zink, Vitamin A, Biotin. Mineralfutter zugeben.

Nesselfieber Aus heiterem Himmel geschieht es: Das Pferd sieht aus wie ein Streuselkuchen, kleine Quaddeln vermehren sich zusehens. Kaltes Essigwasser als Abreibung hilft. Der Haut-Horror dauert von wenigen Stunden bis zu zwei Tagen, dann verschwindet er. Auslöser: Pflanzen auf der Weide, mitgemähte Giftblumen, Farn im Heu, Eiweißüberschuss im Futter, auch Insektenstiche. Mitunter ist die frische Silage schuld. Tierarzt holen, wenn die Nüstern anschwellen und bei Fieber.

Entzündung Johanniskraut wird zunehmend als Weide-Krankmacher entlarvt. Gefressene Pflanzen machen die Haut hoch sensibel für Sonne. Sie lösen große, schmerzhafte Entzündungen aus, meistens an den Beinen. Da hilft nur eins: Das Kraut muss mit Stumpf und Stiel ausgerottet werden. Krankes Pferd aus dem Tageslicht wegbringen!

Sommerekzem

Das Pony kratzt sich am Weidenzaun den Mähnenkamm blutig, scheuert sich die Schweifrübe auf und die Kruppe wund. Die Haut sieht erbärmlich aus. Nach einigen Jahren verdicken sich die Problemstellen so stark, dass sich Falten bilden. Auf der Flucht vor Mücken jagen die Pferde über die Koppel.

Ursachen „Sommerekzem" – für die Tiere bedeutet diese Diagnose ein hartes Schicksal. Die Pferde reagieren auf den Stich von Stechmücken mit entsetzlichem Juckreiz und ständigem Scheuern. Betroffen sind vor allem robuste Nordländer wie Isländer und Norweger, doch auch bei anderen Rassen findet man Sommer-Ekzemer, sogar bei Arabern und Warmblutpferden.

Ernährung Wie man diesem Problem beikommt, ist nicht endgültig geklärt. Fest steht aber, dass zu üppiges Futter und eiweißreiche Koppeln schlecht für anfällige Pferde sind.
Nicht jedes Pferd reagiert gleich auf Futter zur Allergie-Eindämmung. Probieren! Bewährt hat sich kalorienarmes Isländer-Futter (auch für Norweger und andere Robustponys), das auf die Probleme von leichtfuttrigen Ponys und Ekzem-Pferden abgestellt wurde. Häufig hilft Mineralfutter. Allergikern kann Zink, Selen und Kupfer fehlen. Vor dem Zufüttern muss der Mangel aber durch Labortests gesichert sein.

Welche Koppeln? Karge Wiesen sind geeignet, aber nur zu bestimmten Tageszeiten. Morgens bis nachmittags haben Ekzemer draußen eher Ruhe. Auf jeden Fall brauchen sie spezielle Rundum-Decken. Die Umhänge sehen zwar wie eine Vermummung aus, helfen aber gegen Mücken und verhindern das Wundscheuern. Verboten ist Weidegang in den Dämmerstunden morgens und abends und bei Gewitterluft.

Reif für die Insel In der Nähe der Weide dürfen keine Seen und Teiche liegen, denn sie sind Brutstätten für Mücken. Nur ein Gewässer ist erwünscht: die Nordsee. Direkt an der Küste, besser noch auf einer Insel, finden Allergiepferde den Himmel auf Erden.

Weide mit Meerblick: Für Isländer, die zu Sommer-Ekzem neigen, gibt es nichts Besseres als den Umzug auf eine Nordsee-Insel mit karger Koppel.

*Bewegung in frischer Luft ist die beste
Vorbeugung gegen Atemwegsinfektionen.*

Husten

Infektionen mit oder ohne Fieber muss
der Tierarzt behandeln. Was aber,
wenn das Pferd immer wieder hustet,
jedoch keine Infektion hat? Dann reagiert es wahrscheinlich allergisch auf
sein Futter, auf seine Einstreu oder auf
andere Stoffe im Stall.

Raufutter unter Tatverdacht Ohne
Raufutter wie Heu und Stroh können
Stallpferde nicht leben. Aber *mit* Raufutter können viele genauso wenig leben. Die Stroh-Qualität ist oft misera-
bel. Das kommt daher, dass die noch
feuchten Halme gleich nach der Ernte

in Ballen gepresst werden – idealer
Tummelplatz für Schimmelpilze. Lagern die Ballen dann noch ungeschützt
draußen, steht dem zerstörerischen
Werk der Pilze nichts mehr im Wege.

Boxenluder Kommt das verseuchte
Stroh in warme Boxen, gesellen sich in
dunklen Ecken gern Milben dazu. Der
Name „Boxenluder" bekommt im Stall
einen ganz neuen Sinn ...
Ein Drama beginnt, wenn die Einstreu
nicht ständig gewechselt wird, sondern
nur aufgefüllt. In die angegriffene Lunge steigen unaufhörlich Ammoniak-
dämpfe aus dem flüchtig überstreuten
„Misthaufen". Dazu kommen Schim-
melstaub und gefährlicher Milbenkot.
Liegt das Pferd beim Schlafen, kriegt es
die volle Breitseite ab, beim Fressen
vom Boden ebenfalls. Allmählich baut
sich eine immer größere Empfindlich-
keit der Atemwege auf. Bald genügen
schon winzige Mengen Schimmel-
sporen, um Reizhusten auszulösen.

Außenposten Offenställe oder Außenboxen sind für Hustenpferde besser als
warme, dunkle Ställe. Selbstverständlich reicht aber das Wort „draußen"
nicht als Alibi dafür, dass die Einstreu
vernachlässigt wird. Die muss bei jeder
Haltungsform einwandfrei sein. Kühle,
gut gelüftete, helle Boxen mit durch-
lässigen Stangen-Elementen oder niedrigen Trennwänden sind besser als
ein ungepflegter Offenstall.

Heu und Husten

Für Pferde mit Allergien gegen Schimmel oder jeder Art von Staub herrscht Heu-Alarm. Selbst gute Ware enthält Schimmelpilze. Bei jedem Aufschütten, bei jedem Herauszupfen von Halmen stauben Sporenwolken umher. Großpferde in der Box sind jeden Tag ungefähr 4 – 5 Stunden mit dem Fressen von Raufutter beschäftigt. Leicht auszurechnen, wie ungünstig der Dauerstaub sich auf ihre Lunge auswirkt.

Ausweich-Möglichkeiten Weichen Sie auf staubfreie Heulage, Anwelk-Grassilage oder Heucobs aus. Gibt's die Möglichkeiten nicht, bleibt Ihnen nur eins: das Heu zu waschen. Heubaden hat sich bestens bewährt. Die Halme werden völlig untergetaucht und regelrecht durchgewalkt, bis der Staub gebunden ist (Seite 18/19).

Kraftfutter entschärfen

Es gibt Hafersorten, die der Hersteller für Allergiker einsprüht, um den Staub zu binden. Bei Pellets kauft man hochwertige Sorten, die kaum mehligen Abrieb haben. Oder: Kraftfutter mit etwas Pflanzenöl, Hustentee oder Wasser übergießen, auch das hilft ein wenig. Vielleicht können Sie Teile von Hafer oder Pellets durch Frischkost ersetzen? Möhren, rote Bete und eingeweichte Rübenschnitzel sind für staubempfindliche Hustenpatienten angenehmer als Trockenfutter.

Ist die Einstreu okay?

○ **Einwandfreies Stroh? Muffiger Geruch oder dunkle Stellen deuten auf Schimmelpilze hin. Solches Stroh darf weder für hustende noch für gesunde Pferde benutzt werden.**

○ **Tiefställe und Matratzen? Beide Arten sind Nährböden für Keime, Bakterien, Schimmel, Würmer, Ammoniak- und Faulgase.**

○ **Streu aus Spänen? Bei allergischen Pferden nimmt man staubfreie Weizholzspäne oder Leinenstroh- bzw. Flachsspäne.**

○ **Zirkuliert die Luft in der Box? In die Einstreu hocken, Güte der Luft erschnüffeln. Ist sie schlecht, werden unten in die Tür Luftlöcher gesägt.**

Warmer Kräutertee, den man über das Kraftfutter gießt, bindet den Staub.

Robuste Ponys sind im Frühjahr besonders anfällig für Hufrehe. Zwischen April und Juni lässt man sie nur stundenweise auf die Weide.

Hufrehe

Die Krankheit kann alle Rassen treffen. Robuste Ponys mit wenig Arbeit sind sehr gefährdet – aber jedes Tier ist unterschiedlich anfällig. Hufrehe zeigt sich drastisch. Das Pferd hat große Schmerzen, darum muss rasch der Tierarzt kommen. Die Hufe sind warm, das Blut pulsiert im Fesselkopf. Oft sind die Vorderhufe betroffen. Rehe kann jedoch ebenso an den Hinterhufen und allen vier Beinen gleichzeitig auftreten.

Schnell erkennen Diese Haltung ist typisch bei Vorderhuf-Rehe: Das Pferd verlagert sein Körpergewicht. Es schiebt die Vorderfüße nach vorne und zieht die Hinterbeine unter den Bauch. Das Pferd mag sich nicht bewegen. Verschlimmern die Beschwerden sich noch mehr, liegt das Pferd auf der Seite und streckt die Beine von sich.

Zitterzeit Direkte Schädigung der Hufe (falscher Beschlag, harter Boden) können Hufrehe auslösen. Am häufigsten entsteht dieses Leiden aber durch falsche Ernährung. Überfütterung mit Kraftfutter ist ein Grund. Die häufigste Ursache ist frische Weide. Frühjahrszeit ist Zitterzeit für Pferdebesitzer. Junges Gras bringt die Darmflora total durcheinander. Es entstehen Gifte, die ins Blut gehen. Dadurch entzündet sich die Huflederhaut. Diese Schwellung löst heftige Schmerzen aus. Robuste Ponys, die ohnehin wenig Futter brauchen und kaum geritten werden, stehen auf der Risikoliste ganz oben.

Koppelverbot Unsere Powergräser (S. 5 – 11) enthalten viel Zucker. Der ist tückisch, weil er ständig seine Menge ändert. Anhaltspunkt: An kalten, sonnigen Tagen im Frühling speichert Weidegras besonders viel reheauslösenden Zucker. Das heißt: Koppelverbot. Zum Schutz der Pferde schränkt man im Frühjahr die Fresszeit stark ein, steckt Portionsweiden ab oder mäht das Gras.

Diätkost Heu und Möhren sind die ersten Mahlzeiten, sobald der Tierarzt grünes Licht dafür gibt. Im künftigen Pferdeleben wird das Futter geändert. Vergessen Sie Mais und Gerste, reduzieren Sie das Kraftfutter generell. Altes Brot ist nichts für gefährdete Tiere. Lieber Heu und Stroh, Möhren und eingeweichte Rübenschnitzel geben.

Trainierte Pferde vertragen Ruhetage nicht gut. Sobald sie stehen müssen, wird das Kraftfutter verringert – sonst droht Kreuzverschlag, wenn die Arbeit wieder beginnt.

Kreuzverschlag

Diese meist fütterungsbedingte Krankheit schien ausgerottet, sie taucht nun aber zunehmend öfter auf. Anfällig sind Pferde mit ausgeprägter Rücken- und Kruppenmuskulatur.

▸ **Ruhe ist Gift** Stehtage sind für Reitpferde riskant. Gesunde, trainierte Pferde brauchen täglich Arbeit, wenn sie regelmäßig mit Kraftfutter versorgt werden. Kreuzverschlag entsteht folgendermaßen: Ein trainiertes Tier steht ausnahmsweise einen oder mehrere Tage, bekommt aber trotzdem seine große Ration Kraftfutter.

▸ **Kennzeichen** Die Folge der Überfütterung zeigt sich, wenn das Pferd wieder bewegt wird. Kommt es aus der Box in feuchtkalte Luft, machen die Muskeln schlapp. Zerstörerische Giftstoffe entstehen in den Muskelzellen. Das Pferd hat starke Schmerzen. Kruppe und Lendengegend spannen sich steinhart an. Das Pferd geht steif, knickt hinten ein und zittert. Dunkler Urin bedeutet bereits höchste Gefahr. Aus dem Gelände lässt sich ein Pferd mit Kreuzverschlag nur per Hänger heimbringen.

▸ **Hilfe** Zügig warm eindecken, besonders die Kruppe. Ein Solarium hilft ausgezeichnet. Sofort Tierarzt holen! Je mehr die Behandlung hinausgezögert wird, umso mehr Muskeln werden zerstört. Kommt der Arzt fix, geht auch die Heilung schnell.

▸ **Welches Futter?** Nicht füttern, bis der Tierarzt Anweisungen gibt. Zuerst erlaubt er meist nur Heu und Möhren. Stärkehaltiges Getreidefutter künftig reduzieren (Hafer, Mais, Gerste, auch Pellets). Lassen Ruhetage sich nicht vermeiden, gibt man viel Heu und nur 1/3 der üblichen Kraftfuttermenge.

Tipp **T**

Solarium hilft gegen Kreuzweh
Was rückenkranken Menschen gut tut, hilft auch Pferden mit Kreuzverschlag: direkte Wärme. Wenn im Stall ein Solarium-Gerät in der Nähe der Krankenbox hängt (lange Wege schafft das Pferd nicht), stellen Sie den Patienten unter die Sonnenlampen. Wichtig: Nach dem Ausschalten muss das Tier sehr gut eingedeckt werden. Die günstige Wärmewirkung darf nicht verloren gehen.

Mit einer langen Raspel befreit der Tierarzt die Stute von scharfkantigen Zahnhaken.

*BILD UNTEN: **Birkenäste bieten dem Pferdegebiss Arbeit – nagen beugt Zahnleiden vor.***

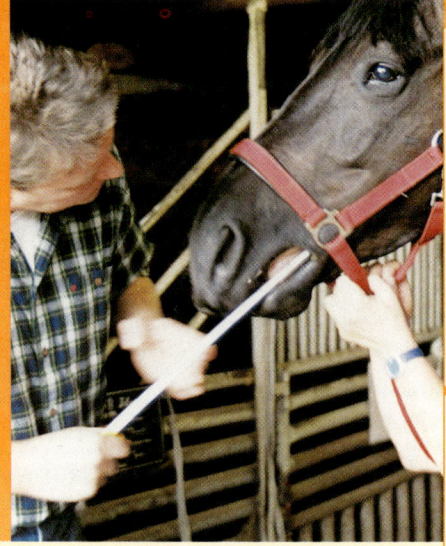

Mit einer langen Raspel befreit der Tierarzt die Stute von scharfkantigen Zahnhaken.

Mit einer Raspel rückt der Tierarzt dem Problem zu Leibe. Sobald die scharfen Kanten geglättet sind, genießt Ihr Pferd das Futter wie früher. Tipp für die Zukunft: Pferdezähne brauchen ständige Herausforderung. Ideal ist viel Raufutter, zwischendurch frische Äste mit intakter Rinde zum Beknabbern.

Oldie-Gebiss Bei Pferde-Senioren ändert sich das Gebiss ungefähr mit 20 Jahren. Die rauen Kauflächen werden glatt, das Gebiss mahlt nicht mehr vernünftig. Alte Pferde bekommen weniger Stroh, weil sie die Halme schlecht zerkauen – Koliken drohen. Der richtige Seniorenteller besteht aus Heu, Mash, Quetschhafer, Mais-Flakes. Pellets rührt man bei Bedarf mit Wasser zu einem festen Brei an. Günstig für alte Zähne sind eingeweichte Rübenschnitzel und Möhren. Wenn die Schneidezähne noch gut sind, zupfen alte Pferde gern frisches Weidegras.

Zahnleiden

Zahnhaken Ihr Pferd fängt mit dem Fressen an, hört aber schnell wieder auf. Unterm Trog liegen feuchte Heuwickel und angekautes Futter. Auf der Weide sehen Sie, dass Ihr Pferd kleine Grasröllchen aus dem Maul fallen lässt. Wenn es dann auch noch sein Trensengebiss ungern annimmt und beim Reiten abwehrend reagiert, dann können Sie sicher sein: Ihr Pferd hat Zahnhaken. Diese messerscharfen Kanten bilden sich, wenn die Zähne zu wenig beansprucht werden, nicht knabbern können, zu wenig Raufutter bekommen. Die Spitzen verletzen Maulhöhle und Zunge. Beim Fressen verschieben zahnkranke Pferde ihren Unterkiefer auffällig – sie zermalmen das Futter nicht, sondern kauen von oben nach unten.

T *Tipp*

Gutes Knabberholz Pferde nagen gern an Birkenholz, an Haselnussrinde und Apfelbäumen. Äste von Tannen sind nur begrenzt erlaubt, Kiefer, Lärche und Eiche verboten (Kolikgefahr).

In den Tasthaaren rings um Lippen und Nüstern sitzt beim Pferd das „Fingerspitzengefühl".

und Möhren, von Mash und Rübenschnitzeln zu genießen. Klebt aber im Trog ein alter Belag, gären oder schimmeln Futterreste in den Ecken, siedelt sich Ungeziefer an und all das verdirbt den Pferden natürlich den Appetit. Manche Pferde sind extrem geruchsempfindlich. Sie fressen lieber vom Boden, als aus einem säuerlich miefenden Trog.

▸ **Pferdeteller** Tröge sind gewissermaßen die Teller unserer Pferde. Die Behälter müssen einiges aushalten. Nagende Zähne und Huftritte sollten sie genauso wegstecken wie Frost und Sonne in Außenboxen. Gute Modelle aus glasfaserverstärktem Kunststoff oder robustem Metall erfüllen die Voraussetzungen. Solche soliden, pflegeleichten Wannen lassen sich gut in Schuss halten ... und ein sauberer Trog ist die Voraussetzung dafür, dass Ihr Pferd mit Appetit frisst.

Futter verstreuen

Ist der Futtertrog klein und eng, helfen sich Feinschmecker auf ihre Weise: Sie blasen in die Krippe und pusten die Hälfte des Kraftfutters heraus. Später suchen sie die verstreuten Getreidekörner sorgfältig aus der Einstreu.

▸ **Tastsinn** Eine geräumige Krippe ist das halbe Fressvergnügen! In weiten Wannen können Pferde mordsmäßig wühlen. Sie sortieren das Krippenfutter gern mit ihren beweglichen Lippen. Mit sicherem Tastsinn spüren sie Abfall wie Verschlüsse und Plastikteile auf und schieben den Müll zur Seite.

▸ **Feine Nase** Der Fressnapf muss immer einwandfrei sauber sein. Jedes Pferd möchte seinen Trog auslecken, um auch den letzten Rest von Äpfeln

Pferdegerechter Futtertrog aus hochwertigem Kunststoff mit Bissschutzkante und Querwülsten, die das Sortieren des Getreides erleichtern.

Zum Weiterlesen

Bartz, Jürgen:
Bis der Tierarzt kommt.
Erste Hilfe für Pferde.
Kosmos Verlag, Stuttgart
2001.

Bender, Ingolf:
Praxishandbuch Pferde-
fütterung. Situations-
und leistungsgerecht füt-
tern, individuelle Ratio-
nen zusammenstellen,
Kondition nachhaltig ver-
bessern. Kosmos Verlag,
Stuttgart 2000.

Bender, Ingolf:
Praxishandbuch Pferde-
haltung. Haltungsanla-
gen optimal geplant.
Kosmos Verlag, Stuttgart
1999.

Berger, Margot:
Pferde füttern. Gesund
und fit - optimal versorgt.
Kosmos Verlag, Stuttgart
2001.

Gohl, Christiane:
Was der Stallmeister
noch wusste: Neue Tipps
rund ums Reiten. Kosmos
Verlag, Stuttgart 2002.

Hoffmann, Marlit:
Marlit Hoffmanns neue

Tricks. Profi-Tipps
zur besseren Pferde-
haltung. Kosmos Verlag,
Stuttgart 2001.

Rashid, Mark:
... denn Pferde lügen
nicht. Neue Wege zu
einer vertrauten Mensch-
Pferd-Beziehung. Kosmos
Verlag, Stuttgart 2002.

Schacht, Christian:
Pferdekrankheiten. Vor-
beugen, erkennen und
richtig handeln. Kosmos
Verlag, Stuttgart 1999.

**Schmid-Neuhaus,
Angelika:**
Das große Fitness-
programm für Pferde.
Massage, gelöstes Rei-
ten, Sattelcheck. Kosmos
Verlag, Stuttgart 2000.

Tellington-Jones, Linda:
TTOUCH und TTEAM für
Pferde. Das Praxisbuch.
Kosmos Verlag, Stuttgart
2002.

Wittek, Cornelia:
Von Apfelessig bis Tee-
baumöl. Hausmittel und
Naturheilkräfte für Pfer-
de. Kosmos Verlag,
Stuttgart 1999.

Nützliche Adressen

Landwirtschaftliche
Untersuchungs- und For-
schungsanstalten (LUFA)
führen Futteranalysen
gegen Gebühr durch:

LUFA
Schiebziger Str. 29
06120 Halle
Tel. 0345 – 5584101
Fax 0345 – 5584102

Landesanstalt für Land-
wirtschaft
Naumburger Str. 98
07743 Jena
Tel. 03641 – 6830
Fax 03641 – 683390

LUFA
Graf-Lippe-Str. 1
18059 Rostock
Tel. 0381 – 2030772
Fax 0381 – 2030790

LUFA
Gutenbergstr. 75-77
24116 Kiel
Tel. 0431 – 1228250
Fax 0431 – 1228498
www.lk-wl.de

LUFA
Jägerstr. 23-27
26121 Oldenburg
Tel. 0441 – 801822
Fax 0441 – 801899

www.lufa-oldenburg.de

LUFA
Nevinghoff 40
48147 Münster
Tel. 0251 – 2376753
Fax 0251 – 2376597

LUFA
Obere Langgasse 40
67346 Speyer
Tel. 06232 – 136118
Fax 06232 – 629544
www.lufa-speyer.de

LUFA
Nesslerstr. 23
76227 Karlsruhe
Tel. 0721 – 94680
Fax 0721 – 9468112
www.landwirtschaft-
mlr.baden-
wuerttemberg.de

Bayerische Landesanstalt
für Tierzucht
Prof.-Dürrwaechter-
Platz 1
85586 Grub
Tel. 089 – 99141465

Futtertrog-Polyester-
technik
Bernd Rafalzik
Am Rübenmorgen 14
35582 Wetzlar
Tel. 0641 – 922310

Register

Abnehmen 16 f.
Allergiker 33, 54
Angrasen 10
Äpfel 35, 48
Arbeit, leicht –
schwer 15
Äste 6, 60

Ballast 18 f., 29
Bananen 35
Brennnessel 6, 8
Brot 31

Dick, dünn 17
Durchfall 32, 50

Einstreu 22, 57
Eiweiß 38, 54
Energiebedarf 38
Erdefressen 11, 32, 48
Erhaltungsbedarf 24, 38

Fellprobleme 54
Fressdauer 16, 39
Fressgitter 12
Fressprobleme 47 f.
Futtermenge 24, 36 f., 48
Futterneid 53
Fütterungsbeispiele 36 f.
Fütterungszustand 17
Futterwechsel 10, 48, 51

Gerste 27, 58
Gewicht schätzen 16
Giftpflanzen 50
Gras 5 f.

Hafer 24 f.
Hastig fressen 35, 52
Heu 12 f., 18 f., 24, 50
Heucobs 20
Heulage 20
Hufrehe 58
Husten 56

Joule/Kalorien 38
Johanniskraut 54

Kauen 16, 39, 47
Klee 6, 51
Kolik 10, 39, 43, 47 f.
Kraftfutter 24 f., 48, 59
Kräuter 33
Kreuzverschlag 59
Krippenfutter 24

Leckerli 31
Leichtfuttrig 16
Leinkuchen 30
Leinsamen 30
Light-Futter 29
Löwenzahn 6
Luzerne 23

Magengeschwür 52
Mais 26, 58
Mash 30, 43
Milben 9, 56
Mineralfutter 9, 32, 39, 55
Mischfutter 28
Möhren 34
Müsli-Mix 29

Nesselfieber 54

Öl 31

Pellet-Qualität 28
Pony-Futter 29, 55

Raufen 13
Raufutter 12 f., 56
Reiten nach dem
Füttern 50
Rübenschnitzel 35

Salz 9, 32, 51
Schimmel 48, 50, 57
Schlundverstopfung 35, 52
Schwerfuttrig 17
Silage 20, 50
Sommer-Ekzem 54
Stroh 22, 57

Tränken 41 f.
Trog 61

Ungeziefer 56
Unkraut 6

Verstopfung 22, 47 f.
Vitamine 32, 34, 54
Vollwert-Pellets 28

Wasser 41 f.
Wassermangel 43
Weide 5 f.
Würmer 49, 51

Zahnhaken 60
Zink 9, 54
Zufüttern Weide 9

Impressum

Umschlag von eStudio Calamar unter
Verwendung von 5 Farbfotos von
www.RamonaDuenisch.de (Hauptmo-
tiv) und U. Berger, Hamburg (kleine
Motive hinten).
Mit 79 Farbfotos.

Die Deutsche Bibliothek –
CIP-Einheitsaufnahme
Ein Titelsatz für diese Publikation ist
bei Der Deutschen Bibliothek erhältlich

Gedruckt auf chlorfrei gebleichtem
Papier

© 2002, Franckh-Kosmos Verlags-
GmbH & Co., Stuttgart
Alle Rechte vorbehalten
ISBN 3-440-09313-1
Redaktion: Dipl.-Ing. sc. agr. K. Metzler
Gestaltungskonzept: eStudio Calamar
Gestaltung & Satz: Atelier Krohmer,
Dettingen/Erms
Produktion: Kirsten Raue,
Markus Schärtlein
Reproduktion: Repro Schmidt,
Dornbirn
Printed in Germany / Imprimé en
Allemagne
Druck und Bindung: Westermann
Druck GmbH, Zwickau

Bildnachweis

Farbfotos: Alle Fotos von U. Berger,
Hamburg, mit Ausnahme von:
L. Lenz, Cochem (S. 32 o.), P. Prohn,
Barmstedt (S. 20, 26), H. Reinhard,
Heiligkreuzsteinach (S. 23), C. Slawik,
Würzburg (S. 12, 13).